10·27 법난의 진실

10·27법난의 진실
ⓒ 화남 2005

초판 1쇄 인쇄_2005년 10월 22일
초판 1쇄 발행_2005년 10월 27일

지은이_유응오
펴낸이_방남수
펴낸곳_**화남**
(100-282) 서울 중구 인현동 2가 192-30 신성상가빌딩 419호
전화_(02)2279~4788 팩스_(02)2285~6798
등록_제2-1831호(1994.9.26)
e-mail_hwanambang@hanmail.net

편집고문_김영현
기획·편집위원_이승철 이재무 현준만 박선욱 임동확 고영직
디자인·편집_김설경 한아름

ISBN 89-90553-48-2 03810
값 10,000원

*잘못된 책은 바꾸어 드립니다.

10·27법난의 진실

―1700년 한국불교의 최고 치욕 사건

유응오 지음

화남

【 저자의 말 】

진실의 이름으로
10・27법난의 전모를 밝힌다

  다큐멘터리의 거장巨匠 코스타 가브리스의 영화 「뮤직박스」는 여러 가지를 생각하게 한다. 특히 극중 주인공인 제시카 랭이 뮤직박스를 여는 순간의 장면은 섬뜩하다. 감미로운 음악 속에서 튀어나온 몇 장의 사진들은 삶의 빛깔도 풍화되어간다는 사실을 일깨워주려는지 색이 바랜 상태다. 사진 속의 아버지는 조금도 자애롭지 않다. 손자를 무릎 위에 앉혀두고 두런두런 얘기를 주고받는 지금의 아버지와는 전혀 다른 얼굴을 하고 있다. 나치 제복을 입은 채 피에 굶주린 짐승처럼 형형한 눈빛을 하고 있는 젊은 사내. 딸은 경악한다. 결국 딸은 고민 끝에 아버지를 진실의 이름으로 고발한다.

  진실과 부정父情의 갈림길에서 고뇌하는 제시카 랭의 모습은 한국의 현대사를 그대로 보여주는 것 같다.

국가와 가정을 하나의 카테고리로 연결해서 보는 유교의 전통 때문에 우리 국민들은 대통령을 국부國父로 여겨왔다.「뮤직박스」의 아버지는 바로 한국 현대사의 국부의 초상화일지도 모른다. 나치가 그랬고 군부가 그랬듯 파시즘은 항상 번쩍이는 폭력과 광기의 훈장을 단 제복을 걸치고 있었다. 파시즘의 제복制服을 걸친 국부는 심지어 자신의 권력을 확고히 하기 위해 종교지도자들의 제복祭服마저도 갈기갈기 찢어버리기까지 했다. 총칼로 무장한 국부에게는 소도蘇塗가 있을 리 만무했다. 파시즘의 제복을 입은 국부가 종교지도자들의 제복을 찢어버린 사건이 바로 10·27법난이다.

12·12사태로 군의 실권을 장악하고 광주를 피로 물들이고 정권을 장악한 신군부의 흉악무도함은 여전히 우리 역사에 검은 그림자를 드리우고 있다. 그 검은 그림자는 나무귀신처럼 음산한 얼굴을 하고 내게 손짓을 했고, 나는 기꺼이 그 손짓이 가리키는 곳으로 갔다. 25년 전의 역사 속으로 돌아가 헤매야 했던 경험은 경이로웠다. 롤러코스트를 타는 기분이었다고 할까. 삶이란, 역사란 롤러코스트 같은 것인지도 모르겠다. 누구는 황홀경에 빠져 기쁨에 환호성을 지르고, 누구는 두려움에 두 눈을 질끈 감고 고함을 지르고……. 마치 25년 전 독재자가 정권을 장악하고 샴페인을 터뜨릴 때 여러 스님들이 어느 어두운 취조실에서는 악랄한 고문에 정신을 놓고 오줌을 지렸던 것처럼.

총론 '10·27법난의 진상을 밝힌다'에서는 필자가 주간불교신문에 연재한 기사를 골격으로 해서 10·27법난을 역사적으로 규명하고자 했다. 글의 본론 격인 2부~6부는 가독성을 높이기 위해 다큐멘터리 형식을 취했다. 2부에서 혜성 스님의 사례를 통해 10·27법난의 폭력성을 고발했고, 3부에서는 법난 당시 조계종총무원장이었던 월주 스님과 신군부의 반목이 어떻게 10·27법난에 영향을 미쳤는지 파헤쳤다. 4부에서는 합수단장 김충우 씨의 진술을 토대로 10·27법난의 입안과 수사과정이 어떻게 이뤄졌는지 살펴봤고, 5부에서는 문공부 종무담당관 한영수 씨 등의 사례를 통해 10·27법난이 철저하게 조작됐다는 사실을 밝히고자 노력했다. 6부에서는 전 민불련 의장인 서동석 씨의 입장에서 10·27법난 이후 전개된 민중불교 운동의 의미를 고찰해봤으며, 7부에서는 삼보 스님 등의 사례를 토대로 가해자와 피해자의 악연의 매듭이 어떻게 이어지고 있는지 살펴봤다.

10·27법난을 취재하면서 필자가 느낀 것은 실제의 삶이 픽션보다 더 드라마틱하다는 사실이었다. 법난의 피해자들 중 일부는 자신을 짐승처럼 다루며 고문했던 수사관들과 인생의 어느 길모퉁이에서 한 번씩 마주쳤다고 한다.

전 조계종총무원장 법장 스님의 영결식장에서 전두환 전 대통령의 모습을 볼 수 있었다. 전씨는 늙었지만 여전히 철옹성을 구축하고 있었다. 그가 영결식장으로 향하는 내내 장세동 전 안기부장을 비롯해 10여 명의 수행비서들이 그를 에워싸고 있었으며, 수행비서들은 그를 '각하'라고 높여 불렀다. 스님들의 안내에 따라 그는 법장 스님의 영전에 국화 한 송이를 올렸다. 그의 모습을 보면서 자비라는 이름으로 얻은 면죄부가 정당한가 고심해봤다. 그리고, 해원상생解冤相生이라는 네 글자를 떠올렸다. 상생의 선과제는 해원이라는 사실을 불교계는 명심해야 할 것이다.

솔직히 내게 기자라는 일은 단순히 생활의 방편에 불과했다. 하지만, 10·27법난을 취재하면서 기자는 역사의 숨결과 호흡을 함께 해야 한다는 소명의식을 갖게 되었다. 취재에 협조해준 혜성 스님을 비롯해 많은 스님들에게 감사드리며 방대한 자료를 선뜻 건네준 채환규 프로듀서에게 고마운 마음 전한다.

이 졸서가 원철 스님을 비롯해 10·27법난의 후유증으로 입적한 스님들의 원혼을 조금이나마 달래줄 수 있길 기대해 본다.

2005.10.20
10·27법난 제25주년을 앞두고
저자 유응오

10·27법난의 진실 | 차례

저자의 말 / 5

1 총론_11
— 10·27법난의 진상

2 누명 그리고 몰락_49
— 혜성 스님 사례로 살펴본 10·27법난의 폭력성

3 군홧발에 짓밟힌 정교분리의 원칙_93
— 월주스님과 신군부의 대립

4 '승려의 도道'와 '군인의 길'_117
— 45계획의 전말

5 무고의 투서가 빌미라니?_ 165
　　— 가해자 없고 피해자만 있는 사건

6 용화세계를 향한 염원_ 185
　　— 민중불교운동의 불씨가 되다

7 어디서 무엇이 되어 다시 만나랴_ 213
　　— 풀리지 않는 악연의 매듭

● 부록 1 — 10·27법난 주요 피해자 인터뷰_ 225
● 부록 2 — 혜성 스님의 10·27법난 시집_ 241
● 부록 3 — 10·27법난 관련 각종 성명서 등_ 271

＊ 참고문헌_ 294

1 총론
— 10·27법난의 진상을 밝힌다

1. 총론— 10·27법난의 진상을 밝힌다

군홧발에 짓밟힌 한국불교의 상흔

1980년 10월 27일 새벽 4시 작전명령 '45계획'이라는 이름 아래 계엄군은 전국의 주요 사찰과 조계종총무원을 군홧발로 짓밟았다. 계엄사령부는 강제적인 수색과 연행을 자행한 후 이튿날 10월 28일자 석간에 다음과 같이 발표했다.

"사이비 승려와 폭력배들이 난무·발호하고 있어 뜻 있는 성직자와 신도들은 물론 일반 국민의 지탄과 빈축의 대상이 되어 있다. 계엄당국은 이들 사이비 승려나 상습적 폭력배를 과감하게 소탕, 추방하는 조처를 가한다."

계엄군은 이어 10월 30일 대공용의자 검거라는 명목 아래 군·경 합동수색대를 투입시켜 전국 사찰을 일제히 수색한 후 11월 14일 중간조사결과라는 것을 발표했다.

"수사결과 승려들이 부정치부, 사유화한 재산이 2백억 6천만원에 이르고 이 중 4억 6천만원 상당의 공금을 유용한 것으로 드러났다."

계엄군의 중간조사발표 후 당시 일간지들은 '낮에는 승려, 밤에는 요정 사장'이라는 원색적인 제목의 기사를 발표했고, 이에 따라 국민들에게는 불교계가 비리의 온상처럼 낙인이 찍혔다.

1980년 12월 군경합동수사본부가 대한불교조계종정화중흥회의(의장 박기종)에 통보한 공고문에 따르면 10·27법난 당시 수사를 받은 승려와 신도는 △형사입건 17명(승려 10명, 일반인 7명) △정화위 회부 32명 △훈방 1백4명 등으로 처리된 것으로 집계됐다. 이 중 자율정화결과는 △형사입건 17명 △체탈도첩 13명 △제적 10명 △공권정지 5년 6명 △공권정지 3년 1명 △공권정지 2년 2명 △공권

조작 발표된 10·27법난. 당시 정부(계엄사령부)는 용공분자와 범법자, 비리승려 등을 색출한다는 명분으로 군인과 경찰 수천명을 전국의 사찰에 난입시켰다. 수십 명의 스님들이 연행된 이 사건으로 불교승단은 내외적으로 치명적인 상처를 입게 되었다. 10·27법난 사건은 그후 5공 청문회 때 다루어지긴 했으나 아직까지 그 전말이 자세히 밝혀지지 않았다.

정지 1년 4명 △공권정지 6개월 △문서견책 2명 등이다.

1981년 불교정화기획자문위원회가 발표한 '불교계정화 중흥추진 결과보고'에 따르면 △삼청교육대 송치 3명 △집단수용관리 23명(흥국사 자율 순화교육대) 등으로 사후관리한 것으로 드러났다.

재산환수 대상액은 2백억 4천4백만원이며 환수액은 14억 8천8백만원인 것으로 밝혀졌다. 하지만 신군부의 최종수사결과는 중간조사 결과 발표와 상이했다. 부정축재로 지목했던 스님들은 무혐의로 처리됐고 조계종 총무원이 실질적으로 인수한 현금은 1억 2천4백만원에 불과했다.

10·27법난 당시 신군부가 불교계의 비리로 지적한 것은 크게 부정축재 자금 은닉과 사음행위였다. 당시 부정축재 자금(2백억 6천만원)의 90% 이상을 차지한 것은 경우 스님이었다. 계엄사는 경우 스님의 부정축재 자금이 1백77억 9천8백만원이라고 발표했다. 하지만 이는 대각사 등 화쟁교원의 토지를 시가로 환산한 금액이었다. 계엄사는 화쟁교원의 재산을 국고로 환수하려는 목적으로 경우 스님을 구금한 채 재산포기를 강요했다. 법난 당시 월정사 주지 삼보 스님도 은사인 탄허 스님을 모시기 위해 월남전에 참전해 받은 돈으로 차(포니2)를 산 것이 빌미가 되어 간첩죄가 적용됐다. 결국 삼보 스님은 삼청교육대에 끌려갔다.

10·27법난 당시 법주사 교무국장이었던 혜운 스님도 유산으로 상

속받은 돈의 출처를 묻는 과정에서 취조관들에게 몽둥이로 사정없이 구타를 당해야 했다. 혜운 스님은 20여 일간 고문을 받은 끝에 청주교도소로 끌려가 삼청교육을 받는 고초를 겪어야 했다. 청주교도소 내 삼청교육에 대해 혜운 스님은 "'새나라 새정치' 구호를 외치며 통나무를 들기도 했고, 40킬로그램의 모래주머니를 배 위에 올려놓은 채 등으로 바닥을 기기도 했다"고 회고했다. 결국 혜운 스님은 재판 결과 무죄판결을 받고 풀려났다. 어처구니 없기는 사음행위도 마찬가지다.

전 보문사 주지 정수 스님의 사음행위는 수사당국이 일방적으로 날조한 것이었다. 수사당국은 정수 스님의 책상 서랍에서 나온 기념사진을 증거로 내세우며 정수 스님이 여러 여자들과 사음행위를 벌인 것으로 몰아갔다. 그 과정에서 온갖 고문이 자행됐다. 각목을 두 다리 사이에 끼워 주리를 트는가 하면, 물고문과 전기고문도 서슴지 않았다. 정수 스님은 수건으로 얼굴이 덮인 상태에서 수사관들이 쏟아 붓는 주전자의 물을 그대로 받아 마셔야 했다. 정수 스님은 어쩔 수 없이 악랄한 고문에 못 이겨 수사당국이 시키는 대로 진술서를 써야 했다.

법주사 총무였던 박수태 씨는 "취조자들은 출가 전 이성교제를 문제삼으면서 심하게 구타했다"며 "당시 고문으로 인한 정신적 충격과 사회의 눈총에 못 이겨 풀려나자마자 환속했다"고 말했다.

이는 10·27법난 사건이 표적수사와 마녀사냥의 표본이라는 것을 시사하고 있다.

증언에 따르면 당시 스님들은 성직자 신분임에도 불구하고 나이를 불문하고 죄수용 군복을 입은 채 수사를 받았을 뿐만 아니라 폭행과 물고문, 전기고문에 시달렸던 것으로 밝혀졌다.

당시 수사를 받은 승려와 신도들 중 일부는 고문의 후유증을 세상을 떠났거나(낙산사 주지 원철 스님), 아직도 병고에 시달리고 있는 것으로 밝혀져 문제의 심각성을 더하고 있다.

신군부는 왜 10·27법난을 일으켰나?

신군부가 10·27법난을 일으키면서 내건 명분은 '불교계 정화'였다. 이는 불교정화기획자문위원회(1980년 10월 24일~1981년 1월 10일)의 '불교계 정화중흥 추진 결과보고'를 보면 잘 알 수 있다. 문건에 따르면 정화중흥의 취지는 △종단 내외의 비리와 병폐방지 △전통 종교로서의 불교 활성화 촉진 △민족 주체 의식 확립과 국민 정신의 계도 △사회 정화 및 국가 발전에의 기반 구축 등이었다.

그렇다면 당시 불교계의 상황이 폭력적인 방법을 동원해서까지 정화해야 할 만큼 심각한 지경이었을까?

조계사파와 개운사파의 반목이 있었지만 점차 안정돼 가고 있었다는 게 당시 상황에 대한 불교계의 평가이다. 1977년 7월부터 1980년 4월까지 2년 7개월 동안 조계종은 종단의 운영에 관한 견해 차이로 조계사파와 개운사파로 이분돼 분쟁 상태에 있었다. 그러나 여러 건의 소송이 개운사파의 승소로 거의 확정되자 양측은 1980년 3월에 이르러 화해했다. 그후 통합된 조계종은 10·27법난이 일어나기까지 안정과 화합을 바탕으로 종단의 발전을 모색했다. 이는 1980년 3월 30일 조계사파(윤고암 종정, 배송원 총무원장 대행)와 개운사파(윤월하 총무원장, 송월주 종회의장)가 종단통합을 위한 합의조약서에 서명한 것을 보면 잘 알 수 있다.

이에 따라 4월 1일에는 개운사측이 임시 중앙종회를 열어 합의조약서를 의결하고 조계사측이 17인 수권위원회를 열어 조약서를 검토 동의해 4월 9일 종회개회를 결의했다. 이어 4월 17일 제6대 중앙종회의원 선거 실시 결과 4월 27일 새 집행부(총무원장 송월주, 종회의장 황도견)가 선출됐다. 송월주 총무원장은 5월 13일 조계사의 총무원을 접수하고 14일에는 총무원을 인수해 종무를 시작했다.

당시 정황을 살펴보면 적법한 절차에 따라 종권의 인수인계가 이뤄진 것을 알 수 있다.

10·27법난이 발생한 날과 국가보위입법회의법이 공포된 날(10월 28일)이 고작 하루밖에 차이가 나지 않아 신군부가 정권의 당위성 확보를 위해 불교계를 희생양으로 이용했다는 의혹이 제기되고 있다.

조계종 내분 종식 합의문 발표기사(1980.4). 1979년 말 분규해소를 위한 합의서를 작성하였으나 제대로 이행되지 않았다. 양측은 1980년 2,3월 다시 대화를 시작하여 1980년 3월 30일 문규를 종식시키기 위한 총선거를 치르기로 합의하였다.

    신군부가 권력을 공고히 하는 중요한 정치일정의 한가운데 불교계 전면수사가 겹쳐 있다는 사실은 대단히 의미심장하다.

    당시 국보위가 10·27법난 수사 명령을 내리면서 불교계 정화의 근거로 삼은 불교계 내부 투서에 대한 사실성 여부를 확인할 수 없어 의혹을 증폭시키고 있다.

    당시 수사 관계자들은 수백 통의 투서가 쇄도했다고 주장하지만 사실여부가 확인된 것은 대흥 스님 등의 몇 건에 불과했다. 더구나 당시 투서자들은 무고죄로 징역 1년의 실형이 선고되었다. 이는 이들의 주장이 모두 허구라는 것을 증명하고 있다.

또한 투서내용을 당시 국보위 관계자들이 직접 작성했다는 주장이 제기돼 이에 대한 사실확인이 시급하다.

진정서를 투서한 윤월 스님은 "진정서를 직접 작성한 게 아니라 조계종 출입 정보원들이 진정서를 들고와 도장만 찍어줬다"며 "처음 볼펜으로 작성한 진정서를 들고 온 것은 김홍기 씨였고 타이프를 쳐서 문서화된 것을 들고 온 것은 김학태 씨였다"고 털어놨다. 하지만 윤월 스님의 주장에 관계자들은 사실무근이라고 맞서고 있다.

진정서 투서 시기와 수사 시기가 연속선상에 놓이지 않는 점도 10·27법난의 동기를 의심하게 하는 증거가 되고 있다.

국방부가 1989년 1월 30일 발표한 '불교수사경위'에는 국보위가 합수단에 불교계 수사 명령을 내린 시기가 1980년 6월인 것으로 명기돼 있다. 하지만 윤월 스님의 재판판결문에 따르면 투서자들의 투서는 모두 1980년 8월에 발송 및 접수되었던 것으로 밝혀졌다. 심지어 나대흥 스님의 경우는 1980년 10월 27일날 투서를 발송해 10월 30일 접수되었다. 10월 27일은 조계종총무원장 월주 스님을 비롯해 주요 간부 스님들이 연행된 날이고, 10월 30일은 전국 사찰 수색이 실시된 날이다.

1989년 1월 국방부에서 열린 '10·27법난 수사경위 설명회'에서 김충우 전 합수단장은 "10·27법난은 1980년 2월 최초 입안이 이뤄졌고, 6월 국보위가 합수단에 수사지시를 내렸다"며 "당시 계엄당국이 불교정화를 실시할 수밖에 없었던 것은 불교계 내부의 진정서와 투서가 쇄도했기 때문"이라고 말했다. 김충우 단장의 말을 요약하면 10·27법난은 투서에 근거해 수사가 진행됐다는 얘기가 된다. 그렇다면, 투서시기가 10·27법난 수사지시 시기보다 빨라야 한다. 그런데 밝혀진 결과는 투서시기가 수사지시 보다 두 달이나 늦은 것으로 드러났다.

설령 계엄당국의 주장대로 진정서와 투서가 쇄도했다고 해도 여전히 의혹은 남는다. 투서자들이 무고죄로 실형이 선고되었다는 것은 투서자들의 주장이 모두 거짓이라는 얘기인데, 어찌하여 투서에 거론된 많은 스님들이 체탈도첩을 받았는가하는 것이다.

조계종총무원장이었던 월주 스님과 신군부의 반목도 10·27법난의 동기로 지목되고 있다. 월주스님이 전두환 추대 성명에 응하지 않은 데다가 5·18항쟁 현장을 방문함에 따라 신군부의 마녀사냥을 부추겼다는 게 불교계 안팎의 중론이다.

이와 관련 월주 스님은 "보안사령부 소속 이현식 씨가 '구국영웅 전두환 장군을 대통령으로 추대하기 바란다'는 내용의 성명서 초안을 두 차례나 들고 왔다"며 "이후 그것을 들어주지 않자 당시 교역직 스님이었던 정대 스님을 통해 또 한 차례 성명서 지지를 부탁한 바 있으나 정교분리의 원칙을 들어 거절했다"고 말했다.

월주 스님은 또 "종로경찰서장의 반대에도 불구하고 5·18광주민주화 항쟁의 현장에 방문해 위문금을 전달했다"고 회고했다.

당시 월주스님이 주도해 추진한 불교관계법 개정논의도 신군부의 표적수사의 빌미가 됐을 것으로 판단되고 있다.

1980년 8월 14일 조계종은 불교관계법 개정 5인 추진위원회(위원장 월주)를 구성하고 9월 17일 불교재산관리법, 문화재보호법, 공원법, 도시계획법 시행령 등 개정시안을 문광부와 입법회의에 제출했다. 조계종이 불교계관계법 개정안을 제출한 지 1개월만에 10·27법난이 일어난 셈이다.

민정당 창당자금 마련 목적 때문에 10·27법난을 일으켰다는 의견도 제기되고 있다.

10·27법난 당시 대각사 주지 경우 스님이 구금돼 있으면서 재단법인 화쟁교원에 대한 재산 포기 강요를 받은 사실이 이를 뒷받침하고 있다.

10·27법난 당시 조계종총무원장이었던 월주 스님은 10·27법난 이유로 신군부 정권의 정당성 확보를 꼽고 있다.

월주 스님은 "10·27법난은 성한 사람 배를 갈라 수술하려다 수술할 필요가 없어 봉해버린 격"이라며 "무력으로 정권을 잡은 신군부는 정권의 정당성 확보를 위해 사회정화라는 미명아래 국제적 바람막이 없는 불교계를 희생양으로 삼았다"고 주장했다.

최근 월주 스님의 주장을 뒷받침해주는 자료들이 나와 눈길을 끈다.

1980년 '전국검사장회의철'에 따르면 1980년 8월 19일 대검찰청 대회의실에서 열린 전국검사장 회의에서 종교문제도 안건으로 다룬 것으로 드러났다. 흥미로운 사실은 불교계 문제는 일절 언급되지 않았다는 점이다.

이날 전주지방검찰청 검사장은 "종교계의 카톨릭 계통이 반체제성이 농후하고 개신교 일부 목사들도 체제에 불만을 표시해 최대통령 하야에 대해 부정적인 시각을 갖고 있다"고 말했다. 부산지방검찰청 검사장은 "종교계에 외국으로부터 들어오는 지원자금에 대해 국가에서 통제하고 신학교의 창설, 신학교의 학제, 목사의 자격들을 제도적으로 국가에서 통제해야 한다"고 보고했다.

또한 이날 각 지역지방검찰청 검사장들은 "국보위의 권력형부정축재자나 공직자 숙정과 폭력배 단속에 각계 각층에서 환영하고 있다"고 입을 모았던 것으로 기록돼 있다.

국보위가 10·27법난 수사를 지시한 시기가 1980년 6월이었다는 사실을 상기하면 10·27법난이 계획적인 일이었다는 것을 반증하고 있다.

흥미로운 사실은 '불교계 정화중흥 추진 결과보고'에 수사상의 문제점으로 △전국 사암 일제 수색시(80.10.30)의 물의 야기 △특정 종교 및 종단에 대한 탄압 인상 △치밀한 사전계획 및 사후 대책의 결여 △종단분규의 진상 파악 미흡 등을 꼽고 있다는 점이다. 이는 불교계

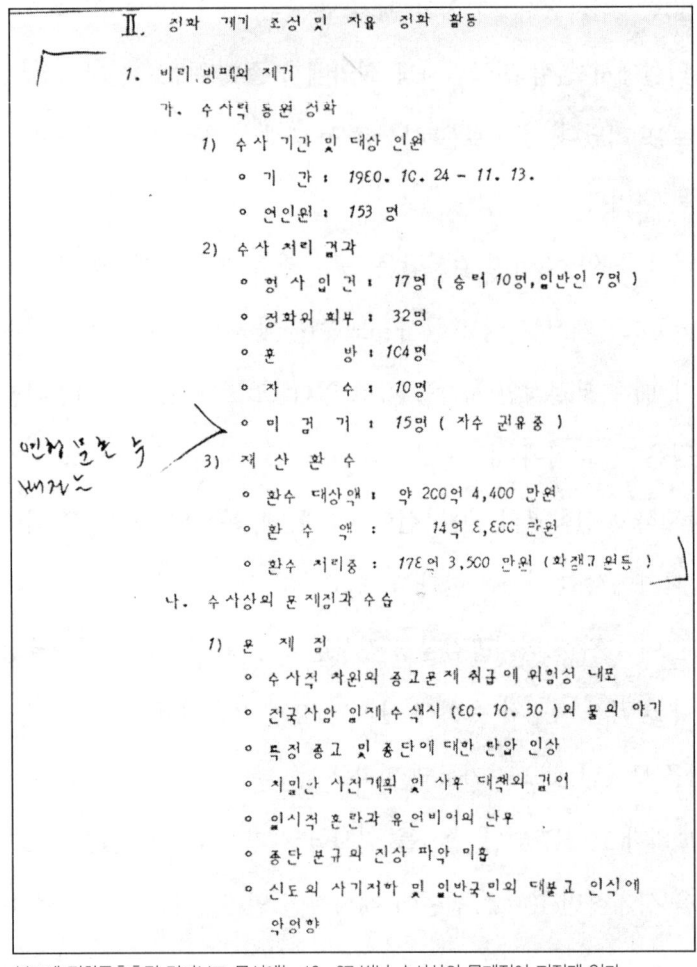

불교계 정화중흥추진 결과보고 문서에는 10·27 법난 수사상의 문제점이 지적돼 있다.

정화라는 미명아래 자행된 10·27법난이 얼마나 사후대책 없이 이뤄졌는지를 반증하는 대목이다.

45계획의 명령자와 입안자는 누구인가?

1980년 10월 31일 수사 1국에 하달된 혜성스님의 전언통신문에는 상단에 '합수'와 '45계획'이라는 단어가 명기돼 있다. 이는 작전명 45계획으로 자행된 10·27법난을 담당했던 부서가 합수단이었다는 사실을 증명하는 자료이다.

1989년 1월 30일 국방부가 발표한 '불교수사경위' 문건에 따르면 10·27법난 당시 지휘 체계가 합수본부 아래 합수단, 총무처, 정보처, 안전처 등 각 부서가 있었으며, 이 중 합수단이 실무를 담당했던 것으로 밝혀졌다. 합수단 하부조직으로는 조정통제국, 수사1국(보안), 수사2국(헌병), 수사3국(경찰) 등 실무 부서가 있었다.

수사 1국은 주로 총무원 간부와 월주 스님(당시 조계종총무원장)을, 2국은 조계사와 서울 시내 관련 대상자를, 3국은 경우 스님(당시 대각사 주지)과 혜성 스님(당시 도선사 주지) 등 부정축재에 관한 조사를 담당했다.

'불교수사경위'에 따르면 1980년 2월 계엄사령관 자문기관이었던 계엄위원회가 자체회의를 통해 불교계의 문제점에 대해 토의했으며,

1980년 6월 국보위가 불교계를 정화수사하라고 합수단에 지시했던 것으로 드러났다. 또한 합수단은 불교계수사로 야기되는 종단운영의 마비를 방지하고 신종단의 출범을 지원하기 위해 군법사·현역장교 등으로 편성된 실무대책반을 1980년 10월 28일부터 1981년 1월 15일까지 운영했던 것으로 밝혀졌다.

당시 계엄사령부 합동수사단장 겸 보안사령부 대공처장은 김충우 씨였다. 합동수사본부(본부장 보안사령관 노태우)에 10·27법난 계획을 하달한 것은 국보위(상임위원장 전두환)이었다.

1989년 1월 국방부가 발표한 '불교수사경위'에 따르면 1980년 6월 국보위가 합수본부에 10·27법난의 지시를 내렸으며, 1980년 10월 국보위의 지시에 따라 합수단이 수사에 들어갔던 것으로 밝혀졌다.

당시 합수단장이었던 김충우 씨는 "1980년 8월 29일 상부의 지시를 받고 서울로 전근와 전임 합수단장인 이학봉 씨에게 10·27법난 업무를 인계 받았다"며 "국보위에 들어온 투서와 진정서를 토대로 한 달 가량 10·27법난 계획을 준비했다"고 밝혔다.

이 같은 사실은 '불교수사경위'에도 '국가보위비상대책위원회는 사회정화차원에서 수사해 달라는 스님 및 신도연명의 진정서를 접하고 국보위 사회정화분과 위원회에서 우선 각 분야의 자율정화를 촉구함과 동시에 자율정화가 미흡한 분야에 대해서는 정부가 개입하겠다는 의지를 천명하였음에도 별다른 진전이 없자 1980년 6월경 불교계를 정화수사토록 합수단에 지시했다'고 명기돼 있다.

하지만 전임 합수단장인 이학봉 씨는 이를 전면부인했다. 이학봉 씨는 "1980년 9월 전두환 대통령이 취임식을 갖고 청와대 민정수석이 됐기 때문에 10 · 27법난 업무는 수행한 바 없다"고 말했다.

국보위의 10 · 27법난 수사지시에 대해서도 이학봉 씨는 "종교계 정보를 수집하는 일은 합수부 산하 정보처의 업무였고 합수단은 수사만 담당하는 부서였다"고 책임을 회피했다.

이학봉 씨는 또한 계엄령 당시 국보위 산하 조직의 사례를 들어 국보위의 지시사항도 부인하고 있다. 당시 보고체계는 합수단 → 합수본부 → 국보위로 이뤄졌으며 보고내용에 따라 국보위가 수사지시 여부를 판단했으므로 보고도 이뤄지지 않은 사건이 상부지시사항으로 내려왔을 수 없다는 게 이씨의 주장이다.

'불교수사경위'에도 명령자 이름은 명확히 기재돼 있지 않았다. 이와 관련 김충우 씨는 "1989년은 노태우대통령이 임기 중이어서 합수본부장 이상은 언급할 수 없는 상황이었다"고 털어놨다.

10 · 27법난 당시 전두환 씨는 대통령이자 국보위상임위원장이었으며 노태우 씨는 합수본부장이었다.

1980년 10월 30일 벌어진 전국사찰수색의 명령권자도 아직 판가름이 나지 않은 상태다. 당시 계엄사령관이었던 이희성 씨는 "전국사찰수색은 국보위가 주도했다"고 말했다. 이와 관련 전두환 전 대통령은 5공 청문회에서 "대통령 취임 후 몹시 바쁜 기간이었으므로 중대한 사안인데도 불구하고 집행기관을 자세하게 챙기지 못한 점을 죄송스럽게 생각하고 있다"고 책임을 돌렸다.

10·27법난 입안자에 대한 의견도 분분하다. 국방부 '불교수사경위' 문건에 따르면 실무대책반이 불교수사 입안의 실무를 담당한 것으로 명기돼 있지만 당시 관계자들의 전언에 따르면 합수단 산하 정보처와 국보위 산하 정화위원회(위원장 이춘구)가 중요업무를 담당한 것으로 전해지고 있다.

법난 당시 정화위원회의 총책임자는 이춘구 위원장이다. 이 위원장은 김만기 위원장이 1980년 7월 29일 사표를 쓰고 자리를 물러남에 따라 정화위원장의 임무를 맡았다. 당시 사회정화위원이었던 허삼수 씨가 10·27법난의 설계도를 그린 것으로 전해지고 있다. 이는 김충우 씨가 1989년 1월 30일 열린 '10·27법난 설명회'에서 털어놨다.

정화위원회 소속 부조리반장이었던 서철수 중령이 법난입안에 중책을 맡았던 것으로 회자되고 있다.

정보처 관계자들은 "정화위원회에서 제일 중요한 역할을 담당한 게 부조리 반장이었으며 그 임무를 수행한 게 서철수 중령이었다"며 "서씨는 헌병중령이어서 업무능력이 뛰어났으며 불자여서 불교 내부에 대한 사항도 잘 알고 있었다"고 회고했다.

하지만 당시 사회정화 위원들은 "전혀 아는 바가 없다"며 발뺌을 하고 있고, 부조리반장이었던 서씨는 이미 고인이 되어서 사실을 확인할 수 없게 됐다.

10·27법난 당시 특별기구로 불교계 관계자로 구성된 실무대책반이 활동했던 것으로 밝혀졌다.

'불교수사경위'에 따르면 "합수단에서는 불교계 수사로 야기되는 종단운영의 마비를 방지하고 신종단의 출범을 지원하며 각종 제도의 정비 및 연구를 위해 군법사, 현역장교 중 불교신자, 문공부 관계관 등으로 편성된 실무대책반을 구성해 1980년 10월 28일부터 1981년 1월 15일까지 운영했다"고 적혀있다.

당시 실무대책반에서 중요한 역할을 담당했던 이는 전창렬 군법무관, 양근하 보안사령부 대공처 소령, 한기복 문화공보부 종무국장, 한영수 문화공부 종무담당관 등이다.

전창렬 변호사는 "새로운 종단이 출범함에 있어서 불교계를 정화하려 하니 도와달라고 해서 일을 시작하게 됐다"며 "합수단이 수사 자문이나 법률적 자문을 구했다면 나름대로 불교계에 이롭게 도울 수 있었을 텐데 일절 자문도 없었고 관여도 못하게 했다"고 회고했다.

양근하 씨는 "엄청난 양의 탄원서와 진정서가 불교계에서 투서됐으니 이를 분석하라는 상부의 명령이 떨어져 일을 맡았다"며 "일을 하려고 보니까 혼자의 힘으로는 안될 것 같아 대불련 선배인 전창렬 씨를 천거해 실무지원대책반을 꾸리게 됐다"고 말했다.

양씨는 또 "불교발전을 위해 불교계와 정부의 교량 역할을 하려고 시작한 일이 나중에는 불교계 명예를 손상시켜 죄송하다"며 "합수단의 무리한 수사진행을 보면서 불교계 탄압을 저지해줄 것을 강력히 항의했지만 역부적이었다"고 덧붙였다.

당시 문화공보부의 역할은 매우 미미했다는 게 관계자의 전언이다. 이는 한영수 문화공보부 종무담당관이 무고하게 뇌물수수 혐의로 특정범죄가중처벌법에 의해 구속된 것을 보면 잘 알 수 있다.

한영수 씨는 "당시 수사관들은 뇌물을 받았다는 자백을 받기 위해 물고문과 전기고문도 서슴지 않았다"며 "오죽하면 문공부 직원들이 계엄령 하에서 2차에 걸쳐 모금을 해줬겠느냐"고 말했다.

1980년 10월 30일 3천여 개 전국사찰에 대해 실시된 수색에 대해서도 그 명령권자에 대한 의견이 분분하다.

'불교수사경위'에는 "1980년 10월 30일 전국 사암 및 기도원에 대한 일제수색은 불교계 수사문제와는 별개로 전혀 다른 차원에서 실시된 것이며 이는 1980년 8월 4일 국보위의 불량배 소탕계획의 기초 아래 실시된 것"이라고 정리돼 있다.

계엄령이 선포된 당시 정황을 고려했을 때 군경 3만여 명을 동원할 수 있는 권한은 이희성 계엄사령관에게 있었다. 하지만 이희성 계엄사령관은 국보위에게 책임을 떠넘기고 있다.

이희성씨는 "전국사찰수색은 국보위가 주도한 것이기 때문에 아는 바가 없다"며

해인사에서 개최된 전국승려대회(1986.9.7). 2천여 명의 승려들이 모인 이 대회에서 10·27 법난 해명, 불교악법철폐 등 불교자주화의 기치를 드높였다.

"국보위의 지시아래 각 지역 계엄사무소가 실시한 것으로 보인다"고 말했다.

10·27법난은 실무자들이 서로 책임을 떠넘기고 있어 안개 속의 풍경처럼 진실을 알 수 없는 게 사실이다. 하지만 명백한 사실은 당시 최고권력권자는 전두환(국보위 상임위원장)이었고, 제2인자는 노태우(합동수사본부장)이었다는 것이다. 국가정책의 수뇌부였던 그들이 10·27법난의 계획을 몰랐다는 것은 설득력이 없다. 아래는 10·27법난 수사를 담당한 김충우 합수단장과 필자와의 일문일답이다.

인터뷰- 김충우 합수단장

■ 10·27법난 사건은 이학봉 전임 단장에게 인계 받았나?

― 그렇다. 국보위에서 6월에 지시를 내린 것으로 알고 있다. 국보위에서 지시가 하달됐을 때 나는 마산 지구대장으로 근무하고 있었다. 합수단장 업무를 맡은 것은 9월 1일부터다.

■ 자료수집은 얼마 동안 했나?
― 각계 의견을 수렴하는데 한 달이 걸렸다. 들어온 투서를 토대로 각 사안들을 면밀히 검토했다. 투명한 조사를 위해 전창렬 법무관, 양근하 소령 등 불교계 인사를 초빙해 실무대책반을 구성했다.

■ 작전 수행에 있어 불교의 입장을 고려했나?
― 조계종 원로스님들을 직접 만나 뵙고 의견을 들었다. 당시 불교계는 개운사파와 조계사파로 나뉘어 의견이 분분했다. 만해 스님의 책도 읽었는데 불교계 정화를 강조한 내용이 많았다.

■ 종교탄압이라고 생각하지 않는가?
― 보다 치밀하게 조사하고 진행됐어야 한다고 본다. 불교계에 용서를 구한다. 하지만 불교계에도 문제가 많았던 것은 사실이다. 법난 이후에도 불교계는 줄곧 계파 싸움이 끊이지 않고 있다.

■ 1989년 국방부 발표 때 왜 혼자 나왔나?

― 노태우 합수본부장은 당시 대통령이었다. 그래서 뒤집어 쓸 수밖에 없었다. 계엄 하에서 합수단장을 한 것은 개인적으로 명예다. 자부심을 가졌으면 그만큼의 책임이 수반돼야 한다고 본다.

10 · 27법난 명예회복은 어떻게?

5 · 18광주사태에서 5 · 18광주민주화항쟁으로 명칭이 바뀌기까지 제법 오랜 시간이 걸렸던 것처럼 불교정화에서 10 · 27법난이 명칭이 변경되기까지는 한참의 세월이 필요했다.

10 · 27법난으로 체탈도첩된 스님들의 승적이 다시 복원된 것은 1984년이다. 그리고 10 · 27법난 사건이 본격적으로 역사적 재평가를 받기 시작한 것은 1988년 5공청문회가 열리면서부터이다.

10 · 27법난은 불교계에 적지 않은 파장을 남겼다.

10 · 27법난 사건은 불교계를 초토화시켰지만, 그 폐허에 민중불교 운동이라는 희망의 탑을 세웠다. 배부른 자와 헐벗은 자가 없는 세상, 불자들의 용화세계에 대한 염원은 전국 사찰이 군홧발에 짓밟힌 후부터 싹텄다. 10 · 27법난 이후 불교계는 먼저 자성의 목소리가 높아졌다. 해방 이후 정권과 유착관계를 보인 어용불교에 대한 신랄한 비판이 자성의 내용이었다. 즉, 불교계가 7 · 80년대에 천주교나 기독교처럼 민중의 삶에 뿌리를 내리지 못했다는 것에 대한 자자와 포

살이 이뤄진 것이다.

불교계 각성의 산물로 탄생된 것이 바로 1985년 설립된 민중불교운동연합이다. 민불련이 설립됨에 따라 불교계에서도 반反독재 민주화운동이 불을 지피게 됐다.

10·27법난 문제가 문건으로 인쇄되어 공식적으로 제기된 것도 민불련이 창립되면서부터이다. 민불련은 기관지 〈민중법당〉을 내고 10·27법난의 문제점을 대중들에게 알리는데 최선의 노력을 경주했다.

1986년 5월 9일 일부 깨어있는 스님들이 부처님오신날을 앞두고 "민주화가 곧 정토의 구현이다"라는 논지로 성명서를 발표했다.

불교계에서 민중불교의 기치를 높이 들 때 사회에서는 민주화운동이 한창이었다. 1987년 6월항쟁에 힘입어 대통령 직선제가 실시됐지만 아쉽게도 야당 통일대표를 만들지 못해 10·27법난의 주범인 노태우가 대통령에 당선됐다. 하지만 잇따라 실시된 총선에서는 야당이 압승을 거뒀다. 이에 따라 입법부인 국회는 5공화국비리조사특위(위원장 이기택)를 구성했다. 국회 5공화국비리조사특위가 야권 3당 단일안으로 10·27법난을 조사키로 결정한 것은 1988년 8월 3일이다.

민정당이 불참한 가운데 열린 이날 회의에서 야권 3당은 10·27법난을 박종철·김근태 씨 고문사건, 강제징집학생 변사사건, 제일교회폭력사태 등 인권관련 사건과 함께 5공비리조사특위에서 조사하기로 의결했다.

10·27법난이 국회 5공비리조사특위 안건으로 채택됨에 따라 불교계 언론은 이 사실을 대서특필했다. 계엄사의 삼엄한 감시 때문에 1700년 역사 이래 유례없는 불교탄압 사건이었음에도 불구하고 '정부의 불교정화를 지지하고 불교계 자성을 촉구한다'는 내용의 기사를 지면에 앉혀야 했던 10·27법난 당시 불교계 언론을 생각한다면 크나큰 쾌척이 아닐 수 없었다.

민불련은 이어 1988년 8월 30일 '10·27법난 진상규명을 위한 대응방안 수립 간담회'를 개최했다. 이날 간담회에는 평민당 조승형 의원, 민주당 신영국 의원, 여연 스님, 서동석 민불련 의장, 박충식 정토승가회 간사 등이 참석했다.

이날 간담회에서 양당측은 10·27법난 당시 당사자명단과 현주소, 연행된 사람들의 당시 상황을 6하원칙하에 기록해 제출해줄 것을 요구했다. 그리고 10·27 자료를 각당에 제출하고 여론화해 '특별위원회' 구성을 요구했다.

이날 불교계측은 현 조사사항 중 불교 내에서 조사하기 어려운 군 수사기록(보안사)과 사건담당자들의 진술 및 의견서가 보안사에 있으니 국방위 요청으로 열람을 제의했다.

국회5공특위에 10·27법난이 안건으로 채택됨에 따라 10·27법난 진상규명의 열기가 높아지는 가운데 불교계는 10·27법난 8주기를 맞이했다.

1988년 8월 22일 개운사에는 조계사, 미타사, 불광사, 개운사 사찰 대학생회 회원들이 모여 10·27법난 진상촉구연합대회를 개최했다. 이어 23일 대불련 서울지부는 고려대 소강당에서 10·27법난 발표 토론회를 개최했고, 24일 동국대 불교대학학생회는 '10·27법난의 역사적 조명과 한국불교의 방향회'라는 주제로 공개토론회를 가졌다.

불자 대학생들을 중심으로 산발적으로 진행되던 10·27법난 진상 규명에 대한 요구는 10·27법난 8주기를 맞아 활화산처럼 폭발했다.

불교계는 1988년 10월 27일 동국대도서관 앞에서 '10·27법난규명과 책임자 처단을 위한 불교도 실천대회'를 개최했다. 대승불교승가회, 불교정토구현승가회, 석림회, 민중불교운동연합, 한국대학생불교연합회, 동국대불교도연합 회원 등 7백여 명이 참석한 가운데 열린 이날 대회는 민족자주를 위해 산화한 열사들을 위한 민중의례로 시작해 석림회 회장 유정 스님의 불교탄압사례보고, 투쟁선언문 발표, 가두시위 등 순으로 진행됐다.

이날 모인 스님들은 투쟁선언문을 통해 "민족불교계가 외세에 밀려나고 중생의 삶이 군홧발에 짓밟히는 작금의 현실을 개탄하는 애국불교도들이여! 이제 모두 떨쳐 일어나 악을 행하는 자를 정법의 칼로 물리치자"고 분연히 성토했다.

또한 스님들은 △법난원흉, 학살원흉 전두환을 처단하자 △분열조장 예속강요 전통사찰 보존법을 철폐하자 △법난자행 고문수사 보안사를 철폐하라 등을 제창했다.

한편 이날 불교정토구현승가회(회장 청하)와 동국대 경주캠퍼스 불교도연합회는 '10·27법난 진상규명과 책임자 처벌로 불교자주화의 깃발을 굳건히 세우자'는 내용의 성명서를 발표했다.

이날 민족·자주·통일불교운동협의회 준비위원회가 『불교탄압과 불교자주화 운동』을, 민불련이 『10·27법난 자료집』을 발간함에 따라 10·27법난의 실상이 대외에 알려지게 됐다.

10·27법난 8주기를 맞이해 불교계가 단합해 궐기함에 따라 불교계 언론 지면에는 각 사회인사들의 10·27법난 관련 칼럼들이 기재됐다.

국회가 10·27법난의 진상규명에 팔을 걷고 나서자 불교계에서는 10·27법난과 관련한 공식적인 단체가 결성됐다. '10·27법난 진상규명추진회(위원장 월주)'는 1988년 11월 22일 기자회견을 갖고 "10·27법난을 일으킨 책임자들은 그 입안 과정과 시행자, 수사과정 등 진상을 2천만 불교도와 국민에게 공개해명하고 당사자들은 참회하고 용서를 빌어야 한다"는 내용의 성명서를 발표했다.

당시 월주 스님은 "단체 결성의 목적은 어디까지나 10·27법난 진상을 규명해 불교의 명예를 회복하는 것"이라며 "불교계 요구가 관철되지 않을 경우 '10·27법난 진상규명 및 책임자 처벌을 위한 범불교도대회'를 개최할 것"이라고 말했다.

10·27법난진상규명추진위원회는 1980년 10·27법난의 직접 피해자인 30여 명의 스님과 고은 시인, 신경림 시인 등 일반신도 20여 명이 참여했다.

이날 기자회견장에는 추진위원장 월주 스님을 비롯해 혜성 스님, 현광 스님, 지명 스님, 성진 스님, 정수 스님과 통일민주당 조만후 의원, 오대영 평민당민권위 부위원장, 서동석 민불련 의장 등이 배석했다.

10·27법난진상규명추진위가 공식적인 활동에 돌입하면서 정계 지도인사들과의 교류가 잦아졌다.

10·27법난진상규명추진위는 1988년 11월 25일 민주당 김영삼 총재를 비롯 민주불교회 및 5공특위 의원과 회동한데 이어 12월 1일 평민당 김대중 총재를 비롯 5공특위 간사 등과 연석회의를 가졌다.

10·27법난 진상규명의 목소리가 커짐에 따라 조계종은 종단차원에서 공식적인 문건을 정부에 전달했다. 조계종총무원장 의현 스님은 1988년 12월 14일 청와대, 문화공보부, 국방부, 보안사령부 등에 '10·27법난에 대한 해명 및 사과'를 촉구하는 공문을 보내고 관계 당국의 책임 있는 해명과 사과를 요구했다.

새해를 앞둔 시점에도 불교계의 주된 관심사는 10·27법난의 진상규명이었다. 10·27법난진상규명추진위의 주최로 15개 신도단체 대표들의 간담회가 열리는가 하면, '범국민서명운동'을 전개하겠다는 결의가 불거져 나왔다.

10·27법난 문제가 승가문제에서 전 사부대중의 문제로, 불교계 문제에서 범국민적 문제로 확산되자 급기야 정부가 사태의 수습에 나섰다. 1989년 12월 30일 강영훈 국무총리가 사과담화문을 발표한 것이다.

강영훈 총리의 사과담화문 발표이후 불교계는 희비가 엇갈렸다. 기쁨은 국무총리가 불교계와 국민 앞에 공개사과함으로써 불교의 명예회복에 조금이나마 도움이 됐다는 점이고, 슬픔은 강 총리의 담화문이 10·27법난에 대한 사과로 보기에는 너무 피상적이라는 점이다.

강 총리의 사과담화문 발표 후 불교계 언론은 앞다퉈 이를 대서특필하면서 이에 대한 칼럼을 지면에 앉혔다. 칼럼의 골자는 강 총리가 사과했다는 사실은 환영하지만 그 내용은 전시적인 차원에 불과했다는 내용이었다. 칼럼들은 또한 향후 10·27법난 진상규명 및 불교계 명예회복이 뒤따라야 한다는 점도 분명히 명기했다.

강 총리의 사과담화문 발표 후 정부는 한 달 만에 '10·27법난 수사사건 설명회'를 개최했다. 이날 설명회에는 김충우 합수단장을 비롯해 10·27법난 실무자들이 대거 참석했지만 법난에 대한 진상규명이 명확히 가려지지 않았다.

증인들의 증언은 마치 파스텔화처럼 윤곽이 흐릿해 그 형상을 알아볼 수 없을 지경이었다. 10·27법난 피해자로 참석한 스님들은 분노했다.

그리고 불교계가 그토록 기다리던 10·27법난 관련 국회5공특위 청문회도 성사되지 않았다.

1989년 2월 20일 5공특위는 10·27법난을 공식 안건으로 채택하기로 결의했으며, 이에 따라 1989년 3월 24일 증언청취 청문회를 개최하기로 최종 결정했다. 최종 확정된 피해자 관련 증인은 송월주 스님, 이혜성 스님, 서운월 스님, 이현광 스님, 김회광 스님, 홍성진 스님, 김경우 스님 순이었으며, 입안결정관련 증인은 전창렬, 양근하, 한영수, 김충우, 이학봉 씨였다.

이와 관련 5공특위는 증인이 출석을 불응할 때는 증인불출석으로 처리, 고발 조치를 취하겠다고 엄포했다.

피해당사자 스님들은 5공특위의 발표에 환영을 표시하면서 3월 16일 영화사에서 대책을 위한 모임을 가졌다.

하지만 불교계 내부의 여론은 나침반의 바늘처럼 양극단에 서 있었다. 한국불교종단협의회(회장 서의현)는 국회 5공특위와 민정, 평민, 민주, 공화당 등 정당에 10·27법난이 국회청문회로 다뤄지는 것을 원치 않는다는 내용의 공문을 보냈다.

'10·27법난 청산에 대한 협조'라는 제하의 이 공문에는 "10·27

법난 치유와 청산에 관련해 더 이상의 정치력이 개입될 때 본의 아니게 종교문제를 당리당략에 이용하려고 한다는 국민적 오해가 있을 수 있음을 우려한다"는 내용이 실려 있었다.

한편 정토구현승가회(회장 청화), 대승불교승가회(회장 송산), 민중불교운동연합(의장 서동석)은 10 · 27법난 국회청문회를 통해 올바른 불교위상이 설정돼야 한다는 공동성명서를 발표했다.

불교계 내부 마찰을 빚던 10 · 27법난 청문회는 결국 무기한 연기되면서 무산되고 말았다. 10 · 27법난 청문회가 연기된 것은 5공특위 청문회에서 가해자측 증인이 불출석 입장을 밝힌 데다가 불교재야단체의 TV 및 라디오 생중계를 통해 전국민에게 진상을 규명해달라고 요구했기 때문이었다. 이에 앞서 10 · 27법난진상규명추진위와 청문회에 증인으로 채택된 혜성 스님 등 8명은 1989년 3월 22일 5공특위 위원장 앞으로 보낸 청원서를 통해 △5공특위 여야의원 전원참석 △TV 및 라디오 생중계 △10 · 27법난 관계자료집 확보 등을 전제로 청문회 연기를 요청했다.

불교계가 10 · 27법난의 진상규명을 열렬히 원하고 있을 때 법난의 최고 원흉인 전두환씨는 설악산 백담사에서 은거하고 있었다.

1988년 11월 23일부터 2년 1개월 동안 전두환 씨는 백담사에 머물렀다. 전씨가 백담사에 머무는 동안 불교지도자들은 그를 위해 법회를 집전해주고 각종 편의를 제공해줬다. 전씨가 불교계의 보호 아래 은거하는 사이 10·27법난 진상규명은 다시금 미궁 속으로 빠져들었다.

시간이 흘러 10·27법난의 제2 원흉인 노태우 대통령도 청와대에서 나왔다. 노태우 정권 이후 국민들의 염원인 민주화는 가속화되었다. 그 과정에서 5공이 남긴 잔재들은 조금씩 청산되었다. 하지만 전두환, 노태우 전 대통령은 불교계에서는 자비라는 이름으로, 정치계에서는 국민대화합이라는 이름으로 면죄부를 얻은 셈이다.

10·27법난도 그렇게 역사의 뒤안길에 묻히는가 싶었으나 참여정부가 들어서면서부터 '과거사청산'이 시대적 과제로 떠오르면서 다시금 10·27법난 사건이 역사의 무덤 속에서 잠을 깨게 되었다.

10·27법난 진상규명의 신호탄을 알린 것은 10·27법난 불교대책위원회(고문 혜성, 상임대표 법타)의 결성식이다.

10·27법난불교대책위원회는 2005년 7월 4일 서울 송현클럽에서 결성식을 개최하고 △10·27법난연구소 설립 △불교피해자진상조사 △각 사찰 및 스님들 탄압 사례조사 △10·27법난 관련자 명예회복 추진 △국회 10·27법난 특별법제정 제안 △전국순회 강연 등을 순차적으로 진행할 것이라고 밝혔다. 이를 위해 10·27법난불교대책위원회는 특별위원회(진상조사위원장 서동석)를 구성했다.

이날 상임대표 법타 스님은 "한국불교사 이래 제일 수치스런 사건인 10·27법난은 전두환 군부정권의 정치적 시나리오에 불교계가 무

참히 짓밟힌 사건"이라며 "과거사 청산에 대한 참여정부의 의지가 분명한 만큼 불

2005년 7월 4일 10·27법난대책위원회가 결성됐다. 사진은 지원 스님이 '불교인들에게 보내는 참회문'을 낭독하는 모습

교계가 진상규명작업에 적극 나서야 한다"고 강조했다.

이날 지원 스님은 '불교인들에게 보내는 참회문' 낭독을 통해 "10·27법난으로 피해를 입은 스님들의 명예회복을 위해서라도 하루빨리 진상규명이 이뤄져야 한다"며 "10·27법난불교대책위원회는 국가적 차원의 피해보상이 이뤄질 수 있도록 최선의 노력을 다할 것"이라고 말했다.

이어 진관 스님은 '정부 당국자에게 보내는 글' 낭독을 통해 "참여정부는 민주화의 기초 아래 세워진 정부인만큼 불교침탈에 대한 진상을 규명해야 한다"고 강조했다.

이날 고문후유증으로 불편한 몸을 이끌고 결성식에 참석한 도선사 회주 혜성 스님은 "피해자들의 피해보상과 실추된 불교계의 명예회복을 위해 책임 있는 가해당사자들의 공식적인 사과와 진상규명이

절실하다"고 성토했다.

이어 10·27법난진상규명추진위원회(공동대표 진관, 법타)는 7월 28일 조계사 대웅전 앞에서 도선사 회주 혜성 스님을 비롯해 탄허불교문화재단 이사 삼보 스님, 수원 팔달사 주지 성해 스님 등 피해자들이 참석한 가운데 기자회견을 열고 10·27법난 진상규명을 요구했다.

이날 10·27법난진상규명추진위는 성명서를 통해 "신군부는 1980년 10월 27일 새벽 전국 사찰 3천여 곳을 급습해 이유도 없이 수많은 스님들을 강제로 연행했다"며 "국가와 민족을 지켜야 할 군인들이 본분을 망각한 채 권력투쟁을 일삼고 성스러운 사찰에 난입해 스님들을 연행 고문하고 삼청교육대로 보냈다는 것은 역사이래 초유의 사태"라고 성토했다.

이에 앞서 10·27법난 피해 스님들은 조계종총무원장 법장 스님을 방문해 건의문을 전달하고 △10·27법난에 대한 진상규명 촉구 △법난 입안자, 명령자 규명 △전국 사찰 법난 피해 자료수집 △군 과거사 진상규명 안건 상정 요구 △군 과거사 진상 조사단에 불교계 인사가 빠진 이유 규명 △10월 27일 법난 25주년 기념 전 승려 묵언 및 전국사찰 108번 타종, 조기리본 착용, 국립공원 입장 폐쇄 요청 등을 주장했다.

국가권력에 의한 인권유린에 대해서는 시효배제법을 적용하겠다는 참여정부의 입장이 발표되면서 10·27법난 진상규명의 목소리는 일파만파 커지게 되었다.

노무현 대통령은 2005년 8월 15일 광복 60주년 축사를 통해 "국가권력을 남용해 국민의 인권과 민주적 기본질서를 침해한 범죄, 그리고 이로 인해 인권을 침해당한 사람들의 배상과 보상에 대해서는 민·형사 시효의 적용을 배제하거나 조정하는 법률도 만들어야 한다"고 말했다. 이에 따라 10·27법난 명예회복과 피해보상이 급물살을 타게 된 것이다.

참여정부의 과거사 청산 의지에 발맞춰 10·27법난불교대책위원회(상임대표 법타)는 지난 8월 23일 한국일보 송현클럽에서 '10·27법난 피해자 증언보고회'를 개최했다.

이날 피해자 증언보고회는 수원 팔달사 주지 성해 스님(10·27법난 당시 제주 천왕사 주지), 한영수 전 문화공보부 종무관, 이건호 전 조계종 전국신도회 사무총장, 탄허불교문화재단 이사 삼보 스님(10·27법난 당시 평창

2005년 8월 23일 개최된 10·27법난 피해자 증언보고회 모습.

상원사 주지) 순으로 진행됐다.

특히 이날 증언보고회에서는 삼보스님이 증언 말미에 준비한 과도로 할복을 해 불교계 10·27법난 진상규명과 명예회복이 얼마나 시급한 지를 여실히 보여줬다.

이날 상임대표 법타 스님은 "10·27법난 당시 계엄당국은 불교계가 2백억 원의 부정축재 자금이 있는 것으로 보도했지만 이는 사찰재산을 주지 개인재산으로 날조한 것"이라며 "계엄당국은 불교계 정화의 근거로 개운사파와 조계사파의 대립을 들었지만 10·27법난이 일어났을 때는 이미 두 파가 합의를 거쳐 월주스님의 총무원장 체제가 출범된 후였다"고 주장했다.

국방부 과거사 진상규명위원회(위원장 이해동)는 9월 5일 개최한 기자회견을 통해 10·27법난을 2차 조사대상으로 선정했다.

과거사위 이기욱 위원은 "1차 대상에 대한 조사가 마무리되는 대로 10·27법난을 비롯한 4가지 사건을 2차로 조사하겠다"고 말했다.

10·27법난 조사를 맡은 과거사위 염규홍 조사1과장은 "당시 사회 분위기에서 왜 불교만이 탄압을 받았는지 밝힐 것"이라며 "전두환씨의 10·27법난 지시 여부 등도 규명하려 노력하겠다"고 덧붙였다.

과거사위는 1차 조사대상으로 △12·12, 5·17, 5·18사건 △삼청교육대 사건 △강제징집, 녹화사업사건 △실미도 사건 등을 선정했다.

이와 관련 조계종 10·27법난 진상규명 및 명예회복추진위원회(위원장 법타)는 9월 5일 성명서를 발표하고 "국방부 과거사 진상규명위원회가 발표한 '군 과거사 진상규명을 위한 조사대상 사건 선정'에 대해 상당한 유감을 표한다"고 발표했다.

조계종 법난진상규명위는 국방부 과거사 진상규명위원회가 10·27법난을 1차조사 대상에 선정하지 않은 것은 10·27법난 피해의 심각성을 인지하지 못한 것이라고 판단하고 △불교계 인사 국방부 과거사 진상규명위원 선임 △정부의 10·27법난 진상규명과 명예회복추진위원회의 활동에 적극 협력 △10·27법난의 진상규명과 명예회복을 위한 특별법 제정 등을 촉구했다.

조계종 법난진상규명위는 성명서를 통해 "10·27법난은 1980년 민주화의 봄을 참혹하게 짓밟고 권력을 찬탈한 신군부세력이 국내외의 거센 비판여론을 희석하고자 이른바 사회정화라는 구실로 1600년 동안 겨레와 함께 간난신고를 겪은 한국불교를 말살하고자 하였던 반민중적, 반민족적 폭압"이라며 "불교계의 노력으로 1988년 국회의 '5공화국비리' 청문회에도 인권소위의 의제로 채택되어 법난의 진상이 밝혀지는 듯 했으나 그 실체를 파악하지는 못했다"고 성토했다.

10·27법난이 일어난 이래 현재까지 진행된 진상규명의 움직임은 이상과 같다. 10·27법난의 진상이 밝혀지려면 국가적 차원의 규명과 피해보상이 따라야 할 것이다. 앞서 살펴본 바와 같이 10·27법난

은 국가적 차원에서 벌어진 사건이었다. 그리고 10·27법난은 불교 신자들이 주도해 벌인 사건이었다. 명령자로 지목되고 있는 전두환, 노태우 전 대통령은 물론이고 정화위원들과 실무대책반 소속 실무자들의 대부분이 불교신자이다. 때문에 10·27법난 사건의 결자해지를 위해서는 국가적 차원의 노력과 함께 불교계 내부의 도움이 필요할 것이다.

2
누명 그리고 몰락

2. 누명 그리고 몰락
— 혜성 스님 사례로 살펴본 10·27법난의 폭력성

혜성(10·27법난 당시 도선사 주지, 현 지장사 주지) 스님이 서빙고에 끌려간 것은 1980년 10월 27일 새벽 예불을 마친 직후였다. 이미 계엄군들이 사찰을 쑥대밭으로 만든 뒤였다. 총칼로 무장한 군인들의 삼엄한 모습에 당시 상주하며 수행에 몰두하던 15명의 스님들은 북한에서 무장공비라도 내려온 게 아닌가 하고 착각을 했다고 한다. 계엄군들은 군홧발로 법당 안에 들어가 수색하는가 하면 내복 차림의 스님들을 법당 앞마당에 끌어내렸다. 계엄군들의 지시에 맨발로 끌려온 스님들은 전쟁포로처럼 두 팔을 치켜올려야 했다. 계엄군들은 팔을 내리거나 항의하는 스님들이 있으면 개머리판으로 어깨를 내려쳤다.

삽시간에 군홧발로 도선사를 제압한 계엄군들은 쿠데타에 성공한 장군처럼 보무당당하게 혜성 스님에게로 향했다. 혜성 스님은 아침 공양을 들고 있었다. 예닐곱 명의 계엄군들이 공양을 들고 있는 혜성 스님을 에워쌌다. 장교가 앞으로 나서며 혜성 스님을 쏘아봤다. 장교의 눈빛은 송곳처럼 날카로웠다.

"도선사 관련 각종 투서가 들어와 조사할 게 있으니 따라와 주시오."

군인의 음성은 스산한 새벽 공기만큼이나 차가웠다. 혜성 스님은 숟가락을 놓고 사위를 살펴봤다. 계엄군들은 하나같이 굶주린 산짐승처럼 형형한 눈빛을 하고 허연 입김을 내뱉고 있었다. 혜성 스님은 그들이 마구니[魔軍]처럼 느껴져 온 몸에 털이 쭈뼛 솟았다. 적요에 빠진 안개가 피어오르는 산사에 난입한 무장한 군인들의 모습은 실체가 없는 곡두 같았다. 스님은 저들이 어떻게 눈을 부릅뜬 채 사찰을 호위하는 사천왕상을 지나쳐 왔을까 생각했다. 스님은 자리에서 일어서 가사 장삼을 수했다. 은사인 청담 스님도 나라 일이라면 팔을 걷고 앞장섰다. 호국불교 본산인 도선사 주지가 나라에 긴급한 일이 발생했는데 모른 척하고 있을 수만은 없는 일이었다. 혜성 스님은 군인들의 뒤를 따라 군용 지프에 올랐다.

혜성 스님이 도착한 곳은 보안사 서빙고 분실인 합수부 수사 3국. 10·27법난 당시 합수부 수사 3국은 개인횡령 등 경제비리를 수사를 담당했던 부서였다. 수사 3국에서 조서를 받은 이는 혜성 스님 외에도 대각사 주지 경우 스님과 문공부 종무담당관 한영수 씨, 세계불교도우의회장 한현철 씨, 불교총연합회 사무총장 김광태 씨, 룸비니 부회장 김창빈 씨 등이 있었다. 서빙고 분실에 들어가다가 혜성 스님은 선학원 이사장인 범행 스님을 친견했다. 범행 스님은 살풍경한 군인들의 태도에 잔뜩 주눅이 들었는지 어깨를 옴츠리고 있었다. 미처 인사를 드리기도 전에 군인들은 혜성 스님의 양팔을 꿰찬 후 조사실로 끌고 갔다.

조사실은 토굴처럼 어두컴컴했다. 천장에 걸린 낮은 촉수의 백열등이 위태롭게 흔들리며 방안의 풍경을 비췄다. 수사임무를 맡은 군인이 조사실로 들어와 탁자 위에 군복을 집어던졌다.

"빨리 갈아입어."

수사관의 음성은 단호했다. 명령조의 말에 놀란 혜성 스님은 수사관을 멍하니 쳐다봐야 했다. 이윽고 혜성 스님의 뺨에 수사관의 손바닥이 날아왔다.

"이 새끼, 말귀를 못 알아먹는군. 그 시커먼 중옷 벗고 군복으로 갈아입으란 말이야."

욕설을 퍼부은 후 수사관은 혜성 스님의 옷을 강제로 벗기기 시작했다. 수사관의 악력에 가사 장삼이 찢겨졌다. 금세 혜성 스님의 몸은 속옷 하나 걸치지 않은 알몸이 되었다. 스님은 알몸의 자신을 모습을 내려다보면서 자신이 이제 더 이상 삼보三寶(불, 법, 승) 중 하나로 숭앙 받는 진불장 혜성慧惺이 아니라 폭력 앞에 벌거벗긴 이근배에 지나지 않다는 사실을 깨달았다. 수치심이 밀려왔다. 인간 이하의 대접을 처음으로 받으면서 혜성 스님은 생사해탈에 이르리라 다짐하며 산문에 들었던 때를 떠올렸다.

혜성 스님이 불제자가 된 것은 청담 스님과의 인연 때문이었다. 혜성스님의 아버지인 이승택 거사는 청담 스님과 각별한 연을 맺고 있었다. 청담 스님이 고高 선생이라는 이름으로 불리며 걸인을 가장한 채 독립운동군의 자금을 조달하려 다닐 때 이승택 거사는 이를 곁에서 도왔다. 청담 스님은 다섯 살 나이의 근배(혜성 스님)를 안아주면서 "근배는 선근종자가 있다. 기린의 머리가 될 것이다"라고 말했다.

청담 스님과 혜성 스님의 인연의 매듭이 단단히 묶여갈 즈음 사건이 발생했다. 왜경들이 독립운동 동조자 토벌이라는 이름 아래 속리산 일대 주민들을 습격했던 것이다. 주모자 지목된 우현공(이승택)은 왜경이 꽁꽁 묶어놓은 결박을 풀어버리고 도주했다. 화가 난 왜경은 이씨의 아내와 그의 아들 근배와 근우를 인질로 잡아들였다.

사정을 들은 청담 스님이 자진해 이씨 가족들이 잡혀있는 상주경찰서에 출두했다. 스님은 참혹한 고문에도 동지들의 처소를 밝히지 않고 홀로 감옥살이를 했다.

해방 이후 혜성 스님은 초등학교를 거쳐 상주중학교를 우등으로 졸업하고 당시에는 수재들만 입학한다는 대전공업고등학교(현 대전산업대학교)에 진학해 최우수 모범생으로 졸업했다. 꿈 많던 청년시절 혜성 스님에게도 시련이 닥쳤다. 그토록 열망했던 대학입학의 꿈을 폐결핵으로 인해 포기해야 했던 것이다. 설상가상으로 국민학교에 다니던 여동생(명숙)이 급작스럽게 급성뇌막염으로 세상을 등지자 혜성 스님은 심신을 추스르기 위해 상주 화복 은적사로 길을 떠났다. 혜성 스님은 은적사에서 서암 스님을 알현하고 출가를 결심했다. 혜성 스님이 입산의 뜻을 밝히자 부모는 승복을 직접 지어주며 서울에 주석하는 청담 스님을 찾아가라고 지시했다. 혜성 스님은 청담 스님을 찾아뵙고 선학원으로 출가를 한 후 본격적으로 수행자의 길에 들어섰다.

청담 스님의 문중에 든 후에도 혜성 스님은 남다른 총명함으로 법기法器로서의 자질을 유감없이 발휘했다. 혜성 스님은 동국대 불교학과를 졸업하고, 동대학원에서 석사학위를 받았다. 혜성 스님은 조계종총무원 재정국장, 조계종총무원 사회부장 등을 역임하며 종단 발전과 교화에 힘쓰는 한편, 바쁜 종단행정업무에도 학문 정진에도 열성이었다.

혜성 스님은 부처님의 가르침인 '이사무애법계理事無碍法界' 실천을 위해 수행승으로서든 행정승으로서든 빠짐이 없

1974년 12월 17일 새마을훈장 근면상 수상 직후(조계종총무원 사회부장, 도선사 주지 재임시) 혜성스님 모습.

도록 최선의 노력을 다했다.

어두운 조명 아래 서 있는 수사관의 그림자는 산처럼 커 보였다. 스님은 수사관의 긴 그림자가 군인들의 뒤에 존재하는 어떤 막강한 배후처럼 느껴졌다.

혜성 스님이 군복으로 갈아입자마자 수사관들은 조서를 꾸미기 시작했다. 당시 수사관들이 집중적으로 심문한 것은 횡령혐의였다.

"너 이 새끼, 얼마나 해쳐먹었는지 여기다 다 써."

혜성 스님의 앞에는 하얀 백지와 볼펜이 놓였다. 수사관들은 도선사와 관련된 사업에 대해 하나도 빠짐없이 쓰라고 했다.

당시 혜성 스님은 은사인 청담 대종사의 유훈을 받들어 수행불교, 실천불교, 생활불교 실천의 장을 마련하고자 교육과 포교사업에 총력을 기울이고 있었다.

혜성 스님은 책상에 놓인 볼펜을 들어 종이 위에 최근 신도들의 도선사 출입을 돕기 위해 도선사 주차장 공사를 했던 것부터 청담중·고등학교 학생들의 면학분위기 조성을 위해 건물을 증축했던 일, 노인복지를 위해 혜명양로원 설립허가를 마치고 골조공사를 진행했던 것까지 낱낱이 적어 나갔다. 물론 도선사 사업들에 대한 경제적 산출도 빠짐없이 기재했다.

수사관들은 진술서의 내용을 일일이 검토하며 꼬치꼬치 캐물었다.

하지만 법적으로 문제가 되는 사안은 없었다. 많은 사업을 벌이다 보니 수입보다는 지출이 많은 형편이었다. 개인횡령 혐의는 눈 씻고 찾아봐도 찾을 수 없었다. 그래도 수사관들은 계속해서 진술서를 쓰게 했다. 혜성 스님은 같은 내용의 진술서를 쓰느라 며칠동안 눈을 붙일 수 없었다. 저도 모르게 눈꺼풀이 내려올라치면 조사관의 불처럼 뜨거운 손바닥이 뺨에 달라붙었고 혜성 스님은 얼얼한 얼굴을 어루만지며 다시금 진술서를 써야했다. 진술서를 다 쓰고 나면 조사관들은 같은 말만 되풀이했다.

"이런 개새끼, 도선사처럼 살림이 큰 곳이 이렇게 돈이 없다는 게 말이 돼. 죽고 싶지 않으면 바른 대로 적어."

입만 열었다하면 육두문자인 수사관들의 모습을 보며 스님은 "사람은 태어날 때 입 안에 도끼를 가지고 나온다. 어리석은 사람은 말을 함부로 함으로써 그 도끼로 자신을 찍고 만다"는 『숫타니마타』의 내용을 떠올렸지만, 일러줘 봐야 그들에게는 쇠귀에 경 읽기일 것을 알기에 입을 다물었다.

그들은 조서를 받는 내내 팔을 비틀기도 했고, 군홧발로 가슴과 배를 사정없이 걷어차기도 했다.

끌려온 지 5일 되는 날 혜성 스님은 조사실에서 이상한 문건 하나를 발견했다.

그 문건은 '전언통신문'이라는 이름 아래 기록된 것으로 상부의 지

누명 그리고 몰락

시가 적혀 있었다.

1980년 10월 31일자로 작성된 전언통신문 상단에는 '합수'라는 글자가 쓰여져 있어 당시 수사를 담당한 것이 국보위 산하 합수단에서 실시된 것임으로 증명하고 있다. 또, 그 아래에는 수신자가 '수사3국

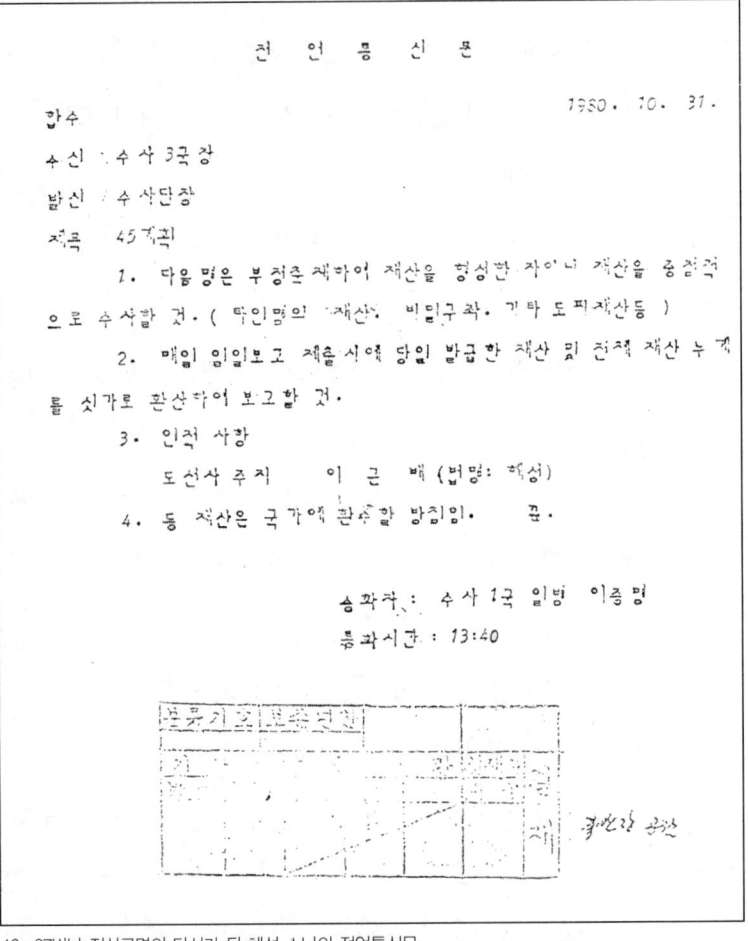

10·27법난 진상규명의 단서가 된 혜성 스님의 전언통신문.

장(국장 김영국)'이라고 명기돼 있고, 바로 그 밑에는 발신자가 '합수단장(단장 김충우)'이라고 기록돼 있다. 그 하단에는 45계획이라는 작전명이 적혀 있어 10·27법난이 사전에 면밀히 계획된 것임으로 암시하고 있다.

전언통신문을 통해 합수단장이 수사3국장에게 지시한 내용은 △도선사 주지 이근배(법명 혜성)는 부정축재하여 재산을 형성한 자이니 재산을 중점적으로 수사할 것(타인명의 재산, 비밀구좌, 기타 도피재산 등) △매일 일일보고 제출 시에 당일 조사한 재산 및 전체 재산 누계를 시가로 환산하여 보고할 것 등이었다.

문서 말미에는 동 재산은 국가에 환수할 방침이라는 내용이 적혀 있었고, 송화자(수사 1국 일병 이증명)와 통화시간(13시 40분)이 기록돼 있었다.

혜성 스님은 조사관이 조사를 마치고 버리고 간 문서를 잘 접어 죄수복 안쪽 주머니에 잘 보관했다. 나중 자신의 무고함을 주장할 단서가 될 문서이기 때문이었다. 혜성 스님의 예상대로 훗날 전언통신문은 10·27법난 사건의 실마리를 푸는 단서가 되었다. 전언통신문을 보자 혜성 스님은 하루에도 몇 번씩 걸려오는 전화내용의 실체가 무엇인지 알 것 같았다. 전화벨 소리는 조사실과 외부를 연결하는 유일한 통로였다. 조사관들은 항상 걸려오는 전화만 받았지 전화를 거는 법이 없었다. 사실상 조사실에서의 전화기는 상명하복의 군軍 기강

체계 이상의 의미를 지니고 있지 않았다. 전화기 저편에서는 항상 무엇인가를 지시했고, 그 지시에 따라 수사관들은 심문했다. 혜성 스님은 전언통신문을 보고서야 수화기 저편의 장본인이 바로 합수단장인 김충우라는 사실을 알았다. 하지만 그가 어떤 사람인지는 알 수 없는 일이었다. 전화기를 통해, 문서를 통해 혜성 스님이 조서 받은 내용은 국보위 상부로 올라갔으며 다시금 상부는 날마다 지시를 하달했다. 아무리 개인횡령 혐의를 만들려고 해도 일의 아귀가 맞지 않자 수사관들은 증인들을 불러 대질심문을 했다. 하지만 결과는 마찬가지였다.

혜성 스님이 수사당국의 고초에 신음하고 있을 때 사회에서는 일간지마다 선정적인 제목의 기사들을 대서특필했다. 혜성 스님이 군인들에게 연행된 지 이틀 후인 1980년 10월 29일 한국일보에는 '폭력, 사이비 승려僧侶 등 46명 연행'이라는 제목의 기사가 실렸다. '계엄사戒嚴司 사회정화차원서 불교계佛教界도 정화'라는 부제목 하에 실린 이 기사에는 청담스님의 사진이 하단에 수록되었다. 기사에는 "계엄사는 28일 불교계 내부에 도사리고 앉아 온갖 비리와 부패, 범법행위를 저지르면서 교계를 어지럽혀온 사이비 승려, 상습폭력배 등 46명을 연행, 조사중"이라며 "지난 70년 11월 입적한 청담 스님의 사인이 자연사가 아니라 우이동 도선사 별장에서 정체불명자들로부터 폭행을 당해 사망한 사실 등 그간의 불교계 의혹사건들의 진상도 파헤치고 있다"고 적혀있다.

당시 계엄사에 의해 조작 발표된 전문은 아래와 같다.

　계엄사령부는 지난 27일 불교계 내에서 온갖 비리와 부패, 범법행위를 자행해온 사이비 승려 및 상습적 폭력배 등 총 46명을 수사당국이 연행, 조사하고 있음을 발표하는 바이다. 이들의 죄상과 비행은 수사가 종결되어 그 전모와 실상이 밝혀지는 대로 추후 발표할 예정인바 이를 사이비 승려 및 불교계 내 폭력배에 대해 일단의 조치를 취하게 된 동기와 주요비리 유형은 다음과 같다.
　국민여러분이 주지하시는 바와 같이 불교는 우리 민족의 전통종교로서 민족정기와 주체의식을 함양하고 올바른 가치관을 정립하여 국민의 정신영역을 계도해야할 역사적 사명이 부역돼 있음에도 불구하고 도리어 사이버 승려와 폭력배들이 난무 발호하는 비리지대로 화하여 뜻 있는 승직자와 신도들은 물론 일반 국민의 지탄과 빈축의 대상이 되어왔다. 이에 계엄당국은 정계를 비롯한 사회 각계에 대해 과감한 숙정과 정화조치를 단행하면서도 종교가 지니는 특성과 독자성을 존중하는 입장에서 불교계 자체의 자율적 정화와 숙정이 있기를 기대해 왔던 것이나 상당한 기간이 경과하여도 아무런 자체정화의 움직임이나 효과를 나타내지 못할 뿐 아니라 자력으로는 도저히 갱생의 힘이 없는 것으로 판단, 부득이 사회정화의 차원에서 조치를 취하게 된 것이다.
　그러나 계엄당국은 이들 사이비 승려와 상습적 폭력배를 교계에서 과감하게 소탕, 추방하는 조치를 계기로 하여 전통종교로서의 불교 본연의 사명을 다하기 위한 자체 정비와 자세의 정립이 촉진되기를 기대하며 아울러 민주복지국가 건설을 향한 국민의 정신적 계도에 기여할 수 있도록 최대한의 지원을 아끼지 않을 것임을 밝혀두는 바이다.

금번의 사이비 승려 및 폭력배 연행 조사는 양심적인 승직자와 신도들의 절실한 여망일 뿐만 아니라 국민들의 종교계 정화를 희구하는 여론에도 부응하는 조치로서 어디까지나 불교계의 건전한 회생과 중흥을 위해 취해진 것이므로 승직자와 신도들은 동요하거나 유언비어에도 현혹됨이 없기를 바라는 바이다.

자신이 사이비 승려로 몰리고 자신의 은사인 청담 대종사가 폭행치사 당한 것으로 보도되는 동안에도 혜성 스님은 그 사실도 모른 채 어두운 조사실 안에서 구타를 당하고 있었다. 구타와 가혹행위 끝에 계엄사는 자신들이 조작한 문서를 토대로 혜성 스님이 17억 5천만원을 횡령했다고 보고하였다.

당시 '이혜성 스님 수사결과 기록' 문건에는 '도선사 및 사찰주차장 계 7억 5천만원, 학교법인 청담학원 계 5억 5천만원, 사회복지법인 보육원 및 양로원 계 4억 5천만원 등 총합계 17억 5천만원'이라고 적혀있다. 이는 도선사 재산을 당시 시가로 환산한 것이지만 수사당국은 혜성 스님의 개인횡령 자금으로 보고했던 것이다.

문건에 기록된 횡령 금액은 모두 수사당국이 임의로 조작한 것으로 사진은 조작된 혜성스님 수사결과 기록. 계엄군은 혜성스님이 비리승려인 것처럼 날조하기 위해 도선사 재산을 당시 시가로 환산해 횡령자금으로 보도했다.

도선사와 청담학원 소속 중·고등학교, 사회복지법인 혜명복지원의 보육원과 양로원의 부지를 시세로 환산한 금액이었다. 횡령금액의 액수도 국보위 상부의 지시에 의해 맞춰 하달된 것이다.

혜성 스님은 수사 당시 조사관들로부터 "상부에서 20억원 규모로

누명 그리고 몰락

개인횡령 혐의를 맞추라는 지시가 내려왔다"는 말을 들었다. 처음에는 도선사 임야가 총 2만여 평에 달하는 것을 알고 횡령금액을 몇 백억 규모로 맞추려고 했다는 게 혜성 스님의 증언이다.

계엄사는 혜성 스님의 개인횡령 금액을 17억 5천만원으로 발표했지만 국고로 환수한 금액은 없었다. 부정축재

계엄사의 각본대로 발표된 법난 당시 기사. 계엄사의 조작된 시나리오에 의해 각 언론사들은 불교계가 비리의 온상인 것처럼 오도했다. 사진은 동아일보 1980년 11월 14일자 기사.

자의 도피재산은 모두 국고로 환수하겠다는 계엄사의 발표내용을 고려했을 때 도선사와 관련 국고로 환수된 금액이 없었다는 사실은 혜성 스님의 부정축재 금액이 없었다는 것을 반증한다.

도선사는 대한불교조계종 사찰이었고, 혜명보육원은 서울시 성북구 혜화동에 살던 김기용 보살이 혜성 스님에게 불교복지사업에 써달라며 기증한 것이다. 당시 혜성 스님은 노인복지를 위해 혜명복지

원에 양로원을 설립할 것을 계획하고 혜명양로원의 골조공사를 하던 중 끌려왔던 차였다. 때문에 혜명보육원과 혜명양로원도 혜명복지원의 재산일 뿐 혜성 스님 개인의 재산일 수 없었다. 청담 중·고등학교도 청담학원의 재산이어서 이 경우도 마찬가지였다. 특이한 것은 '이혜성 스님 수사결과 기록' 문건에는 학교법인 청담학원 재산 수사와 관련 "요정은 경영한 일이 없음. 학교 인수 시 인계 받은 음식점 경영 건물은 문교부의 승인을 받아 정리했음"이라고 명기돼 있다는 사실이다.

혜성 스님이 갖은 고초를 받는 동안 합수부는 11월 14일 '불교계 정화수사 중간발표' 발표했다.

> 비리승려 및 관련 민간인 55명을 연행하고 98명의 참고인을 불러 모두 1백53명을 조사했고, 이중 승려 10명, 민간인 8명을 구속하고 32명은 불교정화중흥회의에 회부시켜 승적박탈, 또는 종직 사퇴토록 위임했으며 수사과정에서 2백억 6천만원의 부정 착복액을 적발했는데 이를 불교종단에 돌려줬다.

계엄사의 발표에 따라 각 언론들은 불교계 비리를 대서특필하였다. 그 대표적인 사례가 1980년 11월 14일 동아일보의 '낮에는 주지住持 밤에는 요정料亭 경영인' 이라는 제목의 기사이다. 기사 내용은 아래와 같다.

이번 계엄당국의 수사에 의해 드러난 불교계 내 일부 사이비 승려들의 비리와 부정 퇴폐행위 사례들은 그 내용이 너무 엄청난 것들이어서 불교신도들은 물론 온 국민에게 큰 충격을 던져 주었다.

내외로 이름난 일부 불교성직자들이 겉으로는 근엄한 표정을 지으면서 속으로는 폭력배와 금력으로 종권다툼을 벌여온 것은 물론 시주금과 사찰재산을 착복 또는 유용, 수십억 원에서 수백억 원대를 치부, '목탁재벌'로 군림해온 사실이 낱낱이 드러난 것이다.

또 이들 일부 '목탁재벌'들은 치부 이외에도 접대부·인기연예인들은 물론 여신도를 상대로 사음(邪淫)과 음주 등 퇴폐행위를 일삼아온 사실도 드러났는데, 어느 유명사찰 주지가 "환속후를 대비, 신도들이 낸 시주금으로 요정까지 경영하며 치부를 해왔다"는 대목에서는 다만 입이 벌어질 따름이다.

이번 수사에서 구속된 18명(승려 10명, 불교관계자 8명)과 불교정화중흥회의에 넘겨져 승적 및 종직이 박탈된 32명 등 50명은 모두 그동안 불교계에서 내로라하던 거물급 인사들이란 점 또한 충격적이다.

각종 비리와 부정사실이 드러난 주지급 인사만도 도선사 이모, 주지 대각사 김모, 주지 보문사 정모, 신흥사 박모, 선암사 김모, 대흥사 정모 주지 등으로 모두 조계종 전국 본사 및 유명사찰의 주지들이다.

수사결과 밝혀진 비리 및 부정의 유형을 보면 △종권장악을 위한 폭력 및 갈취행위 △음주와 사음 등 퇴폐행위 △사찰주지 임명을 둘러싼 금품수수 △사찰을 생활터전으로 삼아 승려생활을 치부수단화하고 사찰재산 착복 및 유용 △각종 사찰공사를 둘러싼 부정행위 등으로 나타났다.

수사당국에 의해 밝혀진 사이비 승려들의 사음행위, 사찰재산착복 등 치부행위, 종권다툼에서 드러난 폭력·갈취 행위 등은 평소 소문에 오르내리던 탈선승려의 비리를 넘어서는 내용들이 대부분이었다.

특히 부산 대각사 주지 김모는 과거 비리부정관계로 조계종에서 승적이 박탈돼 없는데도 승려행세를 계속, 화쟁교원 대각사 등 모두 6개의 개인사찰과 불교신문사 등 1백77억9천8백만원을 축재한 '목탁재벌'의 대표적인 케이스.

또 도선사 주지 이모는 시주금 사찰공금을 유용, '환속 후 생활대책을 위해' 개인사찰건립, 회사설립, 부동산매입, 요정경영 등으로 17억 5천5백36만원을 축재, 낮에는 주지 밤에는 부동산투기꾼 또는 기업경영인으로 행세했다.

보문사 정모 주지는 처자를 두고도 인기연예인, 모델, 합창단원, 다방레지, 호스티스 접대부, 여신도 등과 호텔 등을 전전하며 신도들이 낸 시주금으로 방탕한 생활을 계속해온 사실이 밝혀졌고 최근 수상집을 발간, 문예활동을 하며 아파트에 절간을 차려 여대생들간에 인기가 높은 법명 정모는 한모양(25)과 정을 통한 후 약혼, 전세방을 얻어 동거하면서 김모 부인(37)과도 관계를 맺어온 사실이 드러났다.

불교단체의 범법행위도 많아 '룸비니' 개발위부회장 김모는 '성지순례'를 미끼로 부유층 여신도를 상대로 해외여행을 갈 수 있게 해준다며 26명으로부터 4천5백만원을 받아 착복하기도 했다. 또 '세계불교도우의회'의 안모는 국제세미나 알선 명목으로 승려 및 신도 37명으로부터 1천4백95만원을 받아 착복하기도 했다.

수사당국이 밝혀낸 이들 승려들의 부정치부 및 유용내용은 사유화한 사찰·개인주택·영업시설 등 각종 부동산 1백97억 5천8백70만원, 현금·귀금속·승용차 등 동산 3억여 원 등 모두 2백억 6천만원 이상이며 공금유용액도 4억 6천여 만원 이상인 것으로 밝혀졌다.

수사당국은 불교조계종의 분규가 교리나 이념외 문제에 원인이 있는 것이 아니라 종단의 막대한 재산과 이권이 달려있는 종권장악을 위한 분쟁인 것으로 밝혀냈으며 부정부패의 원인은 승려의 자질저하 및 전근대적 종단운영의 난맥상, 승려의 복지대책이 전무한 점, 사찰 재산 및 수입금 관리허술 등이 있음이 드러났다고 지적했다.

계엄사는 앞으로 최소한 5년 동안 불교계 주변에 기생하는 깡패, 사기상습배 등 단속을 계속하는 한편 합리적인 종단운영, 승려를 위한 각종 후생복지시설 설치운영, 불교외곽단체 일제정비 등 대책을 세워 나가겠다고 밝혔다.

하지만 언론보도 내용은 모두 조작된 시나리오이다. 언론이 혜성스님이 경영했다고 보도한 '요정'은 청담학원 소속 학교부지 인수과정에서 딸려 들어온 미군상대 클럽(아리랑클럽)이었다. 아리랑클럽은 전 주인이었던 김용태 씨가 운영하고 있었다. 즉, 등기 서류에만 기재돼 있던 것을 사실도 확인하지 않은 채 계엄당국이 발표했던 것이다. 물론 수사 당시 대질심문의 절차는 생략되었으며 일방적인 수사발표에 따라 언론보도가 이뤄졌다.

혜성 스님은 아리랑클럽이 인계된 부지에 있는지조차 몰랐다. 부지 인수인계 업무는 당시 청담학원 재단 소속 우경배 상무가 담당했기 때문이다. 하지만 청담학원 설립과정에서 검은 돈이 숨어들었던 사실은 없었다. 청담학원은 공정한 절차를 거쳐 설립된 것이었다. 청담학원의 설립과정을 간단히 요약하면 아래와 같다.

1973년 6월 14일 경기도 평택군 교육청 관리과장의 주재로 용태학원의 팽성중학교의 정상화를 위한 이사회가 개최되었다. 용태학원의 설립자이며 이사장직을 맡고 있던 김용태 씨는 기지촌에서 관광 사업을 하여 오던 중 전 재산을 들여 육영사업을 시작하였으나 여러 가지 악재로 말미암아 학교 경영을 더 이상 할 수가 없게 되었다. 이에 따라 김씨는 학교 부채를 청산하고자 설립자의 교육이념을 유지시킬 수 있는 학교인수자를 선정하기에 이르렀다.

1973년 9월 28일 개최된 3차 이사회를 통해 박태서 씨가 새 이사장에 추대되고 새로운 학교인수자를 교육청을 통해 공고하도록 결정했다.

1973년 11월 10일 개최된 제4회 이사회에서는 당시 평택군 교육청을 통해 용태학원 인수의사를 밝힌 3명의 후보 가운데 부채청산능력과 사회적 지명도 및 교육적 열의가 가장 뛰어나다고 평가된 이혜성(당시 서울 도선사 주지직무대리) 스님이 만장일치로 용태학원 인수자로 결정됐다. 그 해 12월 27일 열린 5차이사회에서 신문공고를 냈다.

혜성 스님은 은사인 청담 대종사의 도제양성의 유지를 받들어 1차 교육불사 실천으로 1974년 9월 10일 학교법인 청담학원을 설립하고 교명도 청담 대종사의 법호를 따서 청담靑潭중학교로 변경했다. 이어 2차교육불사의 실천으로 1975년 12월 7일에 청담상업고등학교 6학급 인가를 득하여 1976년 2월에 청담상업고등학교의 문을 열었다.

후학양성을 위해 투명한 절차를 거쳐 설립된 법인임에도 불구하고 청담학원은 단지 전임이사장과의 인수인계 과정상 작은 오류가 있었다는 이유만으로 '요정'을 운영하는 비윤리적인 재단으로 매도했던 것이다.

부정축재 자금 은닉에 대한 짜맞추기식 수사를 종결짓자 수사관들은 끈질기게 재산포기각서에 서명할 것을 종용했다. 하지만 혜성 스님은 포기각서에 서명을 할 수 없었다. 도선사 재산은 개인 재산도 아니거니와 청담 스님에게 이어받아 어렵게 일군 불사를 수말水沫로 날릴 수 없는 일이었다.

재산포기각서에 서명을 않자 수사관들은 혜성 스님의 손가락 사이에 볼펜을 끼운 후 발로 밟기 시작했다.

계엄사의 날조된 발표는 비단 혜성 스님에 국한된 것은 아니었다. 계엄사는 언론을 통해 불교계가 비리의 온상인 것처럼 보도했지만 승려와 신도들의 대부분은 후에 재판결과 무죄판결을 받고 풀려났다. 이는 10·27법난 사건이 표적수사와 마녀사냥의 표본이라는 것을 시사하고 있다. 앞서 동아일보 기사에 언급된 불교계의 비리는 크게 부정축재 자금 은닉과 사음행위였다. 먼저 부정축재 혐의에 대해 살펴보자. 당시 부정축재 자금(2백억6천만원)의 90% 이상을 차지한 것은 경우 스님이었다. 당시 계엄사는 경우 스님의 부정축재 자금이 1백77억 9천8백만원이라고 발표했다. 하지만 이는 대각사 등 화쟁교원의 토지를 시가로 환산한 금액이었다. 계엄사는 화쟁교원의 재산을 국고로 환수하려는 목적으로 경우 스님을 구금한 채 재산포기를 강요했다. 법난 당시 월정사 주지 삼보 스님도 은사인 탄허 스님을 모시기 위해 월남전에 참전해 받은 돈으로 차(포니2)를 산 것이 빌미가 되어 간첩죄가 적용됐다. 결국 삼보 스님은 삼청교육대에 끌려갔다.

10·27법난 당시 법주사 교무국장이었던 혜운 스님도 유산으로 상속받은 돈의 출처를 묻는 과정에서 취조관들은 몽둥이로 사정없이 구타를 당해야 했다. 혜운 스님은 또 20여 일간 고문을 받은 끝에 청주교도소로 끌려가 삼청교육을 받는 고초를 겪어야 했다. 청주교도소 내 삼청교육에 대해 혜운스님은 "'새나라 새정치' 구호를 외치며 통나무를 들기도 했고, 40킬로그램의 모래주머니을 배 위에 올려놓은 채 등으로 바닥을 기기도 했다"고 회고했다. 결국 혜운스님은 재판결과 무죄판결을 받고 풀려났다.

신군부의 최종수사결과는 중간조사결과 발표와 상이했다. 부정축재로 지목했던 스님들은 무혐의로 처리됐고 조계종총무원이 실질적으로 인수한 현금은 1억 2천4백만원에 불과했다.

다음으로 사음행위에 대해 살펴보자.

전 보문사 주지 정수 스님의 사음행위는 수사당국이 일방적으로 날조한 것이었다. 수사당국은 정수 스님의 책상 서랍에서 나온 기념사진을 증거로 내세우며 정수 스님이 여러 여자들과 사음행위를 벌인 것으로 몰아갔다. 그 과정에서 온갖 고문이 자행됐다. 각목을 두 다리 사이에 끼워 주리를 트는가 하면, 물고문과 전기고문도 서슴지 않았다. 정수 스님은 수건으로 얼굴이 덮인 상태에서 수사관들이 쏟아 붓는 주전자의 물을 그대로 받아 마셔야 했다. 물 속에는 고춧가루, 후추가루, 빙초산 등이 섞여 있었다. 악랄한 고문에 까무러치기를 반복하면서 정수 스님은 어쩔 수 없이 수사당국이 시키는 대로 진술서를 쓸 수밖에 없었다.

당시 수사를 승려와 신도들 중 일부는 고문의 후유증으로 세상을 떠났거나(낙산사 주지 원철 스님), 아직도 병고에 시달리고 있는 것으로 드러나 문제의 심각성을 더하고 있다.

도선사와 도선사 사회복지법인 사업체, 청담학원 소속 중·고등학교를 당시 시가로 환산한 금액을 혜성 스님의 "개인 횡령 금액으로 조작한 다음 계엄당국은 이어 도선사를 중창했을 뿐만 아니라 정화개혁을 통해 조계종 중흥의 길을 연 청담 대종사의 위상을 깎아 내리기 시작했다.

혜성 스님의 앞에는 다른 날과 마찬가지로 백지와 볼펜이 놓였다. 다만 진술해야 될 내용만이 달랐다. 수사관들은 청담 스님의 열반에 대해 아는 대로 쓰라고 했다. 혜성 스님은 행여 자신의 은사를 욕보이는 일이 있을까 싶어 한동안 우두커니 하얀 종이만을 바라보았다. 그러자, 수사관들이 혜성 스님의 멱살을 잡으며 으름장을 놓았다.

"나가서 계속 중노릇하고 살고 싶으면 바른 대로 적으란 말야, 새까."

수사관들의 협박은 계속 이어졌다. 벌써 10년이나 지난 일이지만 혜성 스님은 애써 기억을 더듬어 청담 스님의 열반을 적어나갔다. 내용인즉슨 이러했다. 청담 스님이 열반할 당시 혜성 스님은 조계종총무원 사회부장직을 맡고 있었다. 열반 직전 청담 스님은 군포교를 위해 제1군사령부 내 사찰을 다녀왔다. 혜성 스님은 조계종총무원에서 아침조회를 하다말고 다급한 전화 한 통을 받았다. 전화는 청담 스님의 위급함을 알리는 내용이었다. 청담 스님의 사인은 뇌출혈이었다. 청담 스님은 이미 오래 전부터 혈관계통이 좋지 않아 짠 음식은 삼가고 있는 형편이었다. 스님의 열반 직후 불교계에는 청담 스님이 깡패들에 의해 피격 당해 살해됐다는 루머가 나돌았다. 그 이유는 청담 스님의 시신에 푸른 반점이 있었기 때문이다. 혜성 스님은 그 이유를 담당의에게 물었던 적이 있었다. 담당의는 "모든 사람이 원래 죽으면 푸른 반점이 생긴다"고 답했다.

아버지처럼 모셨던 은사의 열반을 회고하며 혜성 스님의 눈가는 축축이 젖었다. 진술서의 마지막 문장에 마침표를 찍고 나니 광대뼈를 타고 흘러내린 눈물이 진술서 종이 위로 떨어졌다.

계엄사는 은사의 업적을 기려 봉안한 청담 대종사의 사리탑에 대해 꼬투리를 잡기 시작했다.

"탑 안에 금은보화가 숨겨져 있다는데 그게 사실이야."

혜성 스님은 뭐라고 답을 해야 될지 몰라 한숨을 내쉬었다. 생산불교라는 새로운 개념의 기틀을 세운 공을 국가로부터 인정받아 새마을훈장 근면장까지 받은 혜성 스님으로서는 자신을 돈독 오른 탱초로 매도하는 게 어처구니가 없을 따름이었다. 스님은 자유의 몸이라면 지금 당장이라도 은사의 사리탑에 엎드려 울부짖고 싶었다. 혜성 스님은 울울한 마음을 다스리며 속엣말을 읊조렸다.

비록 내 육신은 옆구리가 찢어져 창자가 나오더라도 내 법신은 청정하리라. 관세음보살 보문품에 이르시길 '아귀가 천길 벼랑에 나를 던지더라도 관음보살의 위신력威神力으로 터럭 하나 손상이 없다' 고 하지 않았던가. 내게는 은사스님이 일러주신 '색즉시공色卽是空 공즉시색空卽是色 진공묘유眞空妙有' 의 깊은 가르침이 있으니 이까짓 고초야 참아야 수행자가 아니겠는가.

혜성 스님이 은사인 청담 스님을 떠올리며 짓무른 눈자위를 훔칠 때 혜성 스님의 상좌인 도현(10·27법난 당시 도선사 재무) 스님도 혜성 스님을 걱정하며 깊은 한숨을 내쉬어야 했다.

혜성 스님이 연행될 때 함께 끌려온 도현 스님은 도선사 살림에 대해 집중 추궁 당했다. 비록 남쪽으로 창이 나있긴 했지만 햇빛 한 점 들어오지 않는 조사실은 너무도 어두워서 밤낮을 분간할 수 없었다. 조서를 꾸미다 보면 하루가 흘렀고, 도선사 관계자들과 대질심문을 벌이다보면 일주일이 금세 지나갔다. 때문에 그곳에서는 요일의 구분이 필요 없었다. 하지만 그곳에서도 어김없이 일요일은 돌아왔다. 1980년 11월 21일 일요일. 그날은 도현 스님에게는 나름대로 의미가 있는 일요일이었다. 조사관들은 그간의 수사를 종결지으며 조사실에서의 일을 누설하지 않겠다는 자인서를 받았다. 자인서를 쓰자마자 수사관들은 백지를 책상 위에 던지며 참회문을 쓰라고 했다.

자신 앞에 놓인 백지 위에 도현 스님은 '즐거운 일요일'이라는 제목으로 참회문을 써내려 갔다. 참회문의 주된 내용은 혜성 스님의 무고無辜를 주장하는 것이었다.

도현 스님의 진술서는 아래와 같다.

이곳에 온 지도 벌써 이레째 되는 날이오. 나에겐 잃음보다 얻은 것이 많은 것 같소.

자신의 본래 면목을 살피면서 출가 때 초발심으로 돌아간 게 가장 큰 얻음이오. 돌이켜보면 그간 많은 업을 지은 듯 하오. 출가인의 본분도 잊어버린 채……. 오늘은 일요일이라서 그런지 여느 때보다 조용하오. 날씨도 비교적 따뜻한 편이지만 그래도 추워서 견딜 수가 없소.

사실 가장 말 못할 괴로움은 은사 스님의 모든 비행을 낱낱이 말하라는 것이오. 설령 그 비행을 안다 해도 나는 말하지 않는 것이 당연하오. 누구는 이 모양으로 이 무서운 곳에 갇혀 있는데 뭐 말라빠진 존경이냐고 협박을 하지만 맹목적인 존경이 아니오. 도둑놈 애비도 그 자식에게는 도둑질을 가르치려고 하지 않는 법이오. 그와 마찬가지로 설령 스승에게 허물이 있다하더라도 그 제자에게는 그 허물이 보이지 않는 법이오. 그러기에 나는 스승을 하늘처럼 믿고 따르는 것이오. 옛조사의 가르침 중에 "남의 칭찬만 해도 다함이 없거늘 어찌 남의 허물을 가지고 비방할손가"라는 말이 있소. 조그마한 무엇을 보았다고 촉새 마냥 스승을 비방할 수가 있단 말이오.

그렇다하여 잘못을 모두 감추려는 것은 아니오. 내가 아는 바가 없는 탓이오. 나에게 허물을 보인 적이 없다는 말이요. 부자지간의 정과 사제지간의 도는 힘으로 막지 못하는 것이오. 나의 이런 생각들이 이곳 선생님들에게는 비협조적으로 보일 지 모르겠으나 나로서는 사실 그대로를 말씀드리는 것뿐이오.

서로가 서로를 비방하고 모함하는 일은 결국 상호간의 파멸에 이르게 하는 지름길일 것이오. 남의 잘못보다 칭찬하기를 즐겨하고 나아가서는 칭찬하는 것조차 없어야 이 나라가 불국토가 되는 것이라고 나는 배워왔소. 지난 발자취를 돌아볼 수 있었던 것은 고마운 일이오.

고마운 것은 또 있소. 남쪽으로 나 있는 창이 있는 방을 주신 점이오. 때 맞춰 식사를 주고 담요도 충분히 준 것도 진심으로 고맙게 생각하오. 그러나 잠자리에 들 때 몸을 오돌오돌 떨어야 했던 추위는 잊을 수 없는 경험이었소. 추위를 이기느라 기나긴 가을밤을 뜬눈으로 새우곤 했소. 절도 올리고, 뛰기도 하고, 욕도 하면서…….

그렇게 밤을 지새면서 운명으로 받아들이라는 한 수사관의 말을 이해하게 되었소. 즉, 체념을 배우게 되었단 말이오. 운명이라하니 생각나는 것이 있소. 베토벤의 심포니요. 그중에도 제5번 운명 1악장. 따다다딴- 하는 전주음은 언제 들어도 가슴 뭉클한 전율을 안겨주오. 내게 용기와 힘을 주는 음악이오. 내가 이곳의 파란 대문을 박차고 나갈 때면 신천지가 나를 기다릴 것이오. 내 걸음에 맞춰 제5번 1악장이 들려올 것이 틀림없소. 따다다딴- 하고…….

　시방에 계신 부처님이시어. 저에게도 힘은 있습니다. 지켜보아 주십시오.

.

　도현 스님의 참회문은 작성되자마자 바로 쓰레기통에 버려졌다. 수사관이 참회문을 읽어본 후 상기한 낯빛으로 참회문을 북북 찢어버린 것이다. 참회문이 아니라 탄원서에 가까운 이 글을 수사관이 고깝게 안 볼 리 없었다. 쓰레기통에 버려진 이 글이 세상에 빛을 볼 수 있었던 것은 혜성 스님의 정성 때문이었다. 이날 밤 혜성 스님이 쓰레기통을 뒤져 퍼즐처럼 조각 난 참회문을 꿰어 맞춘 후 읽었던 것이다.

　이 참회문에는 은사의 비리를 낱낱이 고하라는 수사당국의 지시에 대한 도현 스님의 불만이 여과 없이 담겨 있다. 그렇다면 도현 스님이 서빙고에 끌려가 20일 동안 수사를 받은 내용은 무엇일까?

　도현 스님 역시 대체적으로 혜성 스님과 마찬가지로 도선사 재산에 대해 심문을 당했다. 특히 스님을 난처하게 만든 것은 도선사 주차장과 청담스님 사리탑에 대한 조사였다.

　도선사 주차장은 혜성 스님과 도현 스님 그리고, 서명환 씨의 명하 名下로 되어 있었다. 서씨는 당시 도선사 경내 사무를 담당했던 이였는데, 도선사 주차장의 법적 관리자가 된 후부터는 흑심을 품기 시작했다. 수시로 혜성 스님을 찾아와 돈을 요구했던 것이다. 혜성 스님은 도선사 주차장은 사찰재산이라는 이유를 들어 협박에 거절했고, 급기야 서씨는 정부에 투서를 올렸다.

청담스님 사리탑과 관련해서도 민원투서가 들어온 상태였다. 투서자는 사리탑을 만든 신하균 석공이었다. 신씨는 소나기가 내려 예정보다 며칠 사리함 봉안을 늦춘 것을 빌미 삼아 도선사측에 돈을 요구했다. 사건의 내막인즉슨 이러하다. 사리탑에 사리함을 봉안하려 했던 날은 몹시 날이 궂어 장대비가 쏟아졌다. 혜성 스님은 행여 은사 스님의 법체法體인 사리가 젖을까봐 사리함 봉안을 미루기로 했다. 따라서 사리탑은 사리함을 넣지 않은 채 돌 판이 씌어졌다. 청담 스님의 사리함은 일주일간 사찰에 보관되었다. 애초 사리함과 탑에 봉안되려했던 청담 스님을 기리는 신도들의 신심이 담긴 염주도 비에 젖어 쓸 수가 없게 됐다. 신씨가 문제삼은 것은 바로 신도들의 염주들이었다. 신씨는 신도들이 금반지 등 금은보화를 많이 냈는데 이를 모두 혜성 스님이 은닉했다고 모함했던 것이다. 설령 신도들이 금은보화를 기부했다고 해도 이는 도선사의 재산이므로 신씨가 참견할 일이 아니었다. 신씨는 혜성 스님에게 찰거머리처럼 늘어지며 협박을 해왔다. 아무리 협박을 해도 혜성 스님은 묵묵부답이었고, 일이 그의 뜻대로 이뤄지지 않자 신씨는 당국에 투서를 올렸다.

결국 수사결과 서씨와 신씨의 주장은 모두 거짓된 것으로 드러났다.

도선사 재산과 관련 조사가 마무리되어가자 수사관은 도현 스님을 풀어주며 도선사에 가서 주차장 토지문서와 회계장부 등 도선사 관련 서류를 가져오라고 지시했다. 도현 스님은 관련 서류들을 수사관에게 갖다준 후 일본으로 밀항을 했다.

도현 스님이 행적을 감추자 계엄당국은 불교계 언론을 통해 수배공고를 냈지만 이미 도현 스님의 몸은 현해탄 위를 지나고 있었다.

도현 스님이 도일을 결심한 것은 당시 시국에 대한 분노 때문이었다. 계엄당국의 수사는 짜여진 시나리오대로 흘러갈 것이 불 보듯 뻔한 일이었다. 당시 도현 스님의 심정은 혜성 스님 화갑기념 불교문집인 『이 마음에 광명을』에 잘 기록돼 있다.

도현 스님은 「우리 스님」이라는 글을 통해 10·27법난을 이같이 정의했다.

12·12사태에 이어 5·18광주항쟁을 피로써 진압하고 국가보위위원회 상임위원이 된 전두환 장군 및 그 측근들(소위 신군부세력)은 그들의 정당성을 확보하기 위해 선명성鮮明性을 과시했다. 따라서 그들은 국민들의 주위를 끌고자 청정淸淨한 집단이라고 사전에 인식된 종교집단을 파헤쳐 상대적으로 그들이 깨끗하고 정당한 집단이라는 사실

을 부각하고자 10·27법난을 일으켰다.

현해탄 위에서 도현 스님은 청담 스님 사리탑의 불사를 마친 후 혜성 스님이 한 말을 떠올렸다. 당시 혜성 스님은 사리탑에 조성된 여덟 마리 용의 머리를 어루만진 후 탑돌이를 했다.

"청담 스님의 사리가 여덟과가 나투신 것은 스님께서 우리에게 부처님께서 처음으로 일러주신 팔정도八正道에 의지해 수행할 것을 간곡히 일러주신 마지막 당부라고 여긴다. 도현아! 너와 내가 금생에는 스승과 제자의 사이로 만났지만 너와 내가 내생에는 또 다른 인연으로 네가 내 스승이 될 수도 있느니라. 금생에 스승과 제자사이도 역시 귀한 인연으로 생각하고 노스님께서 일러주신 대로 열심히 정진하고 또 정진하자꾸나."

지금 이 순간에도 어두컴컴한 조서실 안에서 갖은 고문을 당하고 있을 혜성 스님을 생각하니 도현 스님은 가슴이 먹먹해왔다. 훼리호 3등석에서 바라보는 부산의 야경은 저릿했다. 선회하며 날아가는 괭이갈매기의 울음소리가 가슴을 할퀴었다. 군홧발에 성직자가 유린당하는 세상. 그간 겪은 고초를 생각하니 멀리 보이는 육지가 아비규환의 지옥도地獄道처럼 느껴졌다. 신음하는 자당慈堂의 곁을 지켜드리지 못한 것은 못내 죄스러웠지만, 설령 남아있다 해도 은사를 모함하는 역할밖에 할 게 없다는 것을 알기에 조국을 떠날 수밖에 없었다.

도현 스님은 일본으로 건너가 막노동으로 연명을 해야 했다. 우여곡절 끝에 스님은 미국에 정착을 한 후 미국 버클리대학교 동양학부를 졸업하고, 일본동경대학교 대학원과 북경대학교 대학원에서 석·박사과정을 수료했다. 세계적으로 인정받는 학승이 됐지만, 도현 스님의 마음 한 편에는 여전히 풀리지 않는 한(恨)이 둘 있다. 하나는 혜성 스님을 곁에서 모시지 못한 것이며, 다른 하나는 10·27법난 때문에 국내에 남은 사제들이 공부를 제대로 하지 못한 것이다. 도현 스님은 후에 「우리 스님」이라는 글을 통해 타국생활의 심정을 이같이 회고했다.

고난의 연속인 타국생활을 버틸 수 있었던 것은 스승의 배려 때문이었다. 10·27법난으로 인해 세간의 혜성 스님에 대한 평가는 형편없는 수준으로 떨어졌다. 찾아주는 신도 하나 없는 상황에도 불구하고 스님은 서신을 통해 학업을 늦추지 말라고 당부해주셨다.
그러나 아직도 마음에 걸리는 것은 당시 나이 어린 사제들이 법난의 와중에 공부의 시기를 놓친 것이다. 사제들은 불교전통 강당에 방부(입학에 해당하는 불가 용어)에 들어가려고 해도 혜성 스님의 상좌라는 이유만으로 방부를 거절당해야 했다. 그 대표적인 예가 도신 사제이다. 출가 사찰인 도선사는 물론 지방 어느 사찰에서도 혜성 스님의 상좌라는 이유로 방부를 거절당해 환속하여 미국까지 가서 몇 년 생활 후 지금은 귀국해서 출판 일을 하고 있다. 뿐만 아니라 사제들에게는 선방의 문마저도 굳게 닫혀 있어서 한창 공부를 해야 될 시기를 실의와 절망 속에서 보내야 했다.

은사 스님 곁에서 고난의 세월을 견뎌낸 도호, 도은, 도서 사제에게 그들의 맏사형으로서 진정 고맙다는 말을 뒤늦게나마 전한다.

상좌인 도현 스님이 풀려난 후 며칠이 지나서야 혜성 스님은 서빙고를 나올 수 있었다. 각본대로 모든 수사를 마무리 짓자 수사관들은 마지막 1주일 동안 그간의 짓거리들이 마음에 걸렸든지 비교적 혜성 스님에게 살갑게 대했다. 당시 혜성 스님을 수사한 팀의 팀장은 강경관이었고, 실제 수사 업무를 담당한 경위는 김영 등 2명이었다. 세월이 흐른 후 김영 씨는 머리가 백발이 되어서 혜성 스님을 찾는다. 사죄를 구하기 위해서였다.

수사결과 어떠한 비리도 발견되지 않았지만, 혜성 스님은 승려로서 사형선고와 같은 체탈도첩을 당해야 했다. 계엄당국의 각본대로 혜성 스님은 부정축재자로 몰려 종단은 물론 전사회적으로 매장 당한 것이다.

스님은 서빙고실을 나온 직후 그간 10·27법난을 다룬 일간지 기사를 접했다. 그리고 자신이 체탈도첩된 사실도 알게 됐다.

"간첩도 3심까지 재판을 하는데……. 구금 중 나도 모르는 새 승적이 박탈됐으니 기가 막힐 노릇이군."

혜성 스님이 전 조계종총무원장 법장 스님과 10·27법난의 진상규명에 대해 논의하고 있다.

스님은 가슴 저 밑바닥에서부터 불같은 것이 올라왔지만 애써 눌러 삼키며 발길을 돌렸다. 그의 발걸음은 도살장에 끌려가는 소의 발걸음처럼 무거웠다. 가슴의 상흔도 상흔이었지만, 주체할 수 없는 몸의 통증이 밀려왔기 때문이었다. 배 아래쪽부터 가슴까지 통증이 밀려와 도저히 발길을 재촉할 수 없었다. 스님은 발길을 옮기다 말고 그만 실신을 하고 말았다. 스님이 눈을 떴을 때는 중앙대학교 의과대학 부속 성심병원 침상 위였다. 담당의인 외과의사 김상준 씨는 탈장수술을 받아야 된다고 말했다. 스님은 장시간에 걸쳐 수술을 받았다. 스님의 병명은 우측 서혜부 탈장과 우측결장 및 회장유착증이었다. 스님은 1980년 11월 26일 병원에 입원해 같은 해 12월 30일 퇴원했다. 담당의는 진단서(1980년 12월 13일 발행)를 통해 퇴원 후에도 우측서혜부 탈장의 재발방지를 위해 향후 약 3개월 동안 안정 및 가료를 요할 것이 사려된다고 향후치료의견을 밝혔다. 덕분에 스님은 예정돼 있던 흥국사 행은 피할 수 있었다. 애초 계엄당국은 스님을 구속시켜 실형 언도를 내리려고 했다. 하지만 부정축재 자금이 밝혀지지 않자 삼청교육대에 입소시키려 했고, 이도 여의치 않자 흥국사 강제 참선에 보내기로 결정했다. 하지만 병환으로 혜성 스님은 흥국사 참선에 참여할 수가 없었다.

퇴원 후 혜성 스님은 갈 곳을 몰라 망연히 길 위에 서 있어야 했다. 이미 조계종총무원 사회부장직과 도선사 주지직은 강제 퇴임된 상태였다. 뒤를 따르는 사제들을 돌아보았다. 어두운 눈빛의 사제들에게서 시선을 거두고 망연히 사위를 둘러보았다. 매서운 바람이 헐벗은 나무를 훑고 지나갔다. 스님의 눈앞에 천년 고찰 도선사의 정경情景들이 펼쳐졌다. 가슴을 맑게 씻던 풍경소리, 경내를 휘돌아 가는 천년의 바람소리, 스님은 사제들을 돌아보았다. 그들의 눈빛은 분노로 이글이글 타오르고 있었다.

"용서하는 마음은 우리 스스로가 우리에게 주는 대자대비大慈大悲이다. 자신에게 상처를 준 광풍과 흙먼지를 수행의 방편으로 여기고 인욕하고 용서하는 마음으로 수행하여라."

혜성 스님의 말에 사제들이 입술을 깨물고 흐느꼈다. 눈길을 걸어가는 서산대사를 떠올리며 스님은 자신이 걸어온 발자취를 뒤돌아보았다. 수행과 포교에 총력을 기울인 자신이었다. 문서포교를 위해 〈도선법보〉를 창간했고, 〈대한불교신문〉 편집간사를 역임했다. 또한, 청소년포교를 위해 청담학원 소속 청담 중·고등학교 설립에도 팔을 걷고 나섰으며, 해외포교를 위해 스리랑카의 반다라게이르 수상을 만나 국교개설에 헌신적인 공헌을 했다. 복지의 불모지不毛地인 불교계에 혜명복지원 소속 양로원과 고아원을 설립하기도 했다. 하지만 결국 스님이 행한 선행善行들은 부메랑이 되어 스님의 아킬레스건을 내리쳤다. 가진 재산이라고는 검정 고무신 한 짝이 전부인 자신이 부정축재자의 누명을 쓸 줄은 꿈에도 생각하지 못했다. 스님은 속으로 부처님의 말씀을 되뇌었다.

"우주는 한 가족이다. 은혜는 갚되 원수는 갚지 말라."

10·27법난을 겪은 후 스님의 생활은 이루 말할 수 없이 참혹한 것이었다. 당시 정황에 대해 방남수 씨(법명 도신, 환속 후 〈여성불교〉편집장 역임. 현재 화남출판사 사장)는 "1981년 12월 군 제대 후 혜성 스님을 찾아보니 스님께서는 서울 목동의 한 토굴에서 살면서 밤에는 수행을 하고 낮에는 탁발을 다니며 간신히 연명을 하고 계셨다"고 회고했다.

혜성 스님의 체탈도첩 징계가 해제된 것은 10·27법난이 일어난 지 4년만인 1984년이다. 이전에도 혜성 스님을 비롯한 11명의 체탈도첩자는 꾸준히 징계해제가 논의되었다. 이들 스님들의 징계해제 논의는 〈중앙일보〉 1982년 6월 4일자와 〈중앙일보〉 1982년 7월 30일자에 잘 기록돼 있다.

징계승려문제는 10.27불교정화 당시 최고 징계인 체탈도첩(승려자격

박탈)을 당했던 승려11명이 모두 해제됨으로써 종단화합의 기틀을 다졌다는 큰 의미가 있다.

이들의 징계는 그동안에도 여러 번 호계위원회護戒委員會에서 초번初番까지 했지만 당국의 수사자료를 넘겨받지 못해 결론을 내릴 수 없었다. 그래서 이번 종단의 징계해제도 2개월안에 당국의 당시 수사자료가 넘어오면 재번再番을 거쳐 다시 확정하겠다는 단서를 붙이고 있다.

그러나 수사자료의 입수가 안되면 그대로 해제조치가 효력을 발생하도록 돼있어 사실상 '해제' 라고 볼 수 있다.

이는 타율의 징계를 종단 자율로 푸는데 따른 내외적인 문제를 감안한 때문인 것으로 알려졌다. 징계가 해제된 승려는 이혜성(전 도선사 주지) 정다운(전 불교신문편집국장) 정지우(전 대각사 주지) 윤성해(전 관음사 주지) 김삼보(전정사 주지) 정정수(전 관문사 주지) 임원광(전 신흥사 주지) 백현광(전 고운사 주지) 이자순(전 총무원교무부장) 이현우(전 상원사 주지) 스님 등이다. 〈중앙일보〉1982년 6월 4일자

〈중앙일보〉1982년 6월 4일자에는 체탈도첩자들의 징계 해제가 기정사실인 것처럼 보도됐으나 두 달여 지난 무렵인 〈중앙일보〉1982년 7월 30일자에는 징계해제가 백지화됐음을 알리는 기사가 실렸다.

조계종단曹溪宗團 10.27불교정화 제적除籍 승려들의 '징계해제조치'가 완전 백지화돼 버렸다. 조계종 호계위원회는 지난 23일 재번회의에서 6월1일자로 잠정 결정했던 정화에의 한 체탈도첩 승려 11명의 징계해제를 원점으로 환원, 현안문제로 거듭 부상되면서 복권을 바라온 징계승려들의 갈망은 성사직전에 좌절된 채 불확실한 미래를 기다

려 볼 수밖에 없게됐다.

〈중략〉

징계의 불자율성이라는 '불행'에 대한 동정이나 연민은 많지만 그렇다고 해서 승적까지 박탈된 중벌 승려 모두가 100% 터무니없는 누명이라고 볼 수 있겠느냐는 것이다. 그렇다면 극히 일부라 하더라도 징계된 승려의 자질문제가 종단자체적으로도 제기됐어야 마땅했다.

종단자체의 가능한 조사를 거쳐 그 결과에 따른 '자율적인 징계'와 함께 경중輕重을 가렸더라면 문제의 '전면실패'를 모면할 수 있었을지도 모른다. 다음으로는 여론의 공감대 인식문제 및 객관적인 인정을 받을 수 있는 종단의 '자율능력 양성'이다.

여론 문제는 10.27정화의 일부 징계 승려나 그밖의 문제승려들의 자질을 보는 국민의 눈이 아직도 명관지수明鏡止水만은 아니라는 점이다.

〈중략〉

이들 승려들의 징계는 윤리집단인 종교단체의 문제라는 점에서 사회의 추상 같은 법적용보다는 자비의 아량이 요망스럽긴 하지만 스스로의 내적인 정비와 객관적 설득력을 갖는 자체윤리의 확립, 실천이 선행돼야

혜성 스님의 기자회견. 1988년 11월 22일 10·27법난 진상규명을 위해 혜성 스님이 기자회견을 하는 모습.

할 것 같다.

혜성 스님은 누명을 벗기를 바랐지만 좀처럼 징계해제는 이뤄지지 않았다. 자신이 무엇을 잘못한지도 모른 채 끌려가 고문을 당하고 승려자격까지 박탈당한 스님이었지만 기사 내용대로 '불확실한 미래'를 기다릴 수밖에 없었다.

징계가 해제되기는 했지만 혜성 스님에 대한 국가적인 차원의 명예회복은 이뤄지지 않았다. 다만 1989년 1월 30일 국방부에서 열린 10·27법난설명회에서 제한적이긴 하나마 공식적인 사과는 들을 수 있었다. 이날 설명회에서 국방부는 공식문건(불교수사경위)을 통해 10·27법난 당시 부정축재 재산환수 보도에 대해 정정했다. 정정내용은 아래와 같다.

　　1980년 11월 14일 계엄사는 불교계 중간수사 결과를 발표하고 승려 및 일반신도들이 부정축재한 2백억 6천만원 중 부동산은 종단에 귀속시키고 동산은 환수해 불교진흥기금으로 사용한다고 발표, 언론에 보도함으로써 많은 국민들이 불교계 전체가 부정비리의 온상인양 오해를 낳게 한 사실이 있었다.
　　부정축재 내역은 수사 초기단계에서 부산 대각사 주지 경우 스님의 재산(화쟁교원의 재산) 1백77억 9천8백만원과 스님들이 개인명의로 소유하고 있는 재산을 종합해 발표한 것이다.

사찰, 학교 등 부동산의 경우 주지명의로 등기가 된 재산은 사찰공유재산임에도 실무자들이 개인소유로 오판하여 환수예정에 포함시킴으로써 부장축재 재산으로 과장 보도했다.

경우 스님 재산헌납 거부와 환수불가재산을 빼고 남은 금액으로는 불교진흥기금으로 활용한다 하더라도 불교중흥에 도움이 될 수 없다고 판단, 기환수하였던 1억 2천만여 원도 각각 반환조치하고 환수작업을 중단해 실제 재산환수는 이뤄지지 않았다.

실무자들의 오판으로 환수불가한 사찰공유재산을 부정축재재산으로 보도한 구체적 사례는 도선사 혜성 스님의 경우이다. 도선사의 경우 17억 5천만원으로 보도됐으나 혜성 스님의 개인소유재산은 1억원에도 미달됐고 나머지 재산은 사찰공유재산이었음에도 불구하고 부정축재 재산으로 잘못 보도됐다.

징계해제 후 스님은 개운사 주지, 봉은사 회주, 평택경찰서 경승실장, 중앙승가대 학장, 청담학원 이사장, 불교방송국(BBS) 이사, 불교텔레비전(btn) 이사 등을 역임하며 한국불교의 포교와 역경 불사에 주춧돌 역할을 담당했다.

스님의 발자취 중 가장 눈길을 끄는 것은 국립 현충원 내에 있는 지장사 주지직을 맡아 호국불교의 맥을 이어오고 있다는 것이다.

촉망받던 수행승이자 종단행정가에서 국가 파시즘의 희생양이 되어 나락까지 떨어져야 했던 혜성 스님, 국가권력의 최고 피해자인 스님이 다친 몸을 이끌고 나라의 번창을 기원한다는 것은 아이러니가 아닐 수 없다. 혜성 스님은 10·27법난 당시 호국불교의 총본산이라고 할 수 있는 도선사의 주지였다. 도선사는 박정희대통령과 육영수 여사의 원찰이었던 지라 지금까지도 호국불교의 총본산으로 불리고 있다. 결과적으로 보면 박 대통령의 후광을 입어 정권을 장악한 전두환 장군이 혜성 스님을 벼랑 밑으로 떠민 셈이다. 세월이 흘러 혜성 스님은 체탈도첩의 징계 해제 후 또 다른 호국사찰인 지장사의 주지직을 맡았고, 대통령 임기가 끝난 후 전두환은 만해 한용운 스님의 호국정신이 깃든 백담사로 몸을 숨겼다.

앞서 살펴본 바와 같이 혜성 스님은 신군부가 미리 써놓은 시나리오에 의해 누명을 썼고 몰락했다. 다시금 제자리를 찾기까지 가슴이 찢어지는 아픔을 인내해야 했다. 혜성 스님의 사례에서 알 수 있듯 10·27법난은 철저히 조작된 것이다. 국가권력에 의해 자행된 10·27법난의 실체, 그것은 누명과 몰락의 공식으로 완성된 비극이었다. 무대는 몇 천 년 동안 전통문화를 이어온 전국의 사찰이었으며, 주인공은 광주를 피로 물들이고 집권한 신군부였다. 전두환이 연출한 한 편의 연극 속에서 당시 한국불교 관계자들은 총알받이 엑스트라로 참여해 불구의 몸이 되어야 했다. 10·27법난의 후유증으로 지금껏 협심증과 관절염을 앓고 있는 혜성 스님의 모습은 국가권력에 희생된 한국불교의 상징이라고 할 수 있을 것이다.

3

군홧발에 짓밟힌 정교분리의 원칙

3. 군홧발에 짓밟힌 정교분리의 원칙
― 월주스님과 신군부의 대립

1980년 11월 2일 월주 스님은 총무원장 포기각서에 서명을 하고서 고개를 젖혀 천장을 바라보았다. 눈을 지그시 감고 천천히 손에 쥔 염주알을 굴렸다. 목이 탔다. 잘 우러난 우전雨前 한 잔을 마시고 싶었다. 찻잎이 뜨거운 물 속에서 향을 퍼뜨리듯이 지난 날들이 천천히 눈앞에 스쳐갔다.

"어디서 일이 잘못된 것일까?"

스님은 나지막하게 혼잣말을 뇌까렸다.

10·27법난을 자행한 당시 계엄사령부는 "불교탄압의 명분을 불교계 자체의 자율적 정화와 숙정의 움직임이 없어 자력갱생의 의지가 없는 것으로 판단, 부득이 사회정화 차원에서 조치를 취한다"고 밝혔다. 과연 계엄사가 판단했던 것처럼 당시 조계종단은 타력에 의해 정

화를 단행해야 될 만큼 심각한 지경이었을까? 물론 '개운사 — 조계사파'의 대립이 지리멸렬하게 계속된 것은 사실이었다. 개운사 — 조계사파의 종권다툼은 1977년 8월 시작된 이래 2년 7개월 동안이나 지속됐으며 17차례나 재판을 되풀이하느라 재판비용만도 10

월주스님은 계엄군에 의해 강제로 총무원장직을 사퇴해야 했다.

억원이 넘었다는 후문이 나돌았다. 하지만 1980년에 접어들면서 개운사 — 조계사파는 종단발전에 힘을 모으기로 악수를 나눴다. 양측이 합의를 도출한 과정을 살펴보자.

1979년 10월 12일

개운사측이 서울고법에 '종정직무대행자 선임 가처분' 집행취소를 신청했다. 문공부 주선으로 분규 양측은 합의 조약서에 날인했다. 합의조약서 요지는 △개운사측이 5대종회를 인정하되 임기를 단축해 6대 총선거를 실시할 것 △종회의원 70명 중 50명은 직선으로 하고 20명은 10명씩 양측에서 추천할 것 △종회의원 자격심사는 생략할 것 등이다.

11월 29일

개운사측은 제 59회 정기중앙종회에서 종단내분을 수습키 위한 '9인종단사태수습위원회'를 구성했다. 조계사측은 양측 같은 숫자로 '비상종회' 구성을 주장했다.

11월 30일

개운사측이 법원에 계류 중인 조계사측의 모든 소송에 대한 청구 포기를 단행했다.

12월 2일

조계사 ─ 개운사측의 합의조약서가 무산됐다.
조계사측은 고암 스님을, 개운사측은 월하 스님을 각각 종정으로 추대함에 따라 양측의 대립이 심화됐다.

12월 15일

대법원은 고암 종정 직무대행이 신청한 총선공고 허가를 확정했다.

12월 26일

대구 고등법원은 고암 종정이 임명한 사찰주지에 승소판결을 내렸다. 이는 행정당국이 조계사측을 인정했음을 의미하나 이것은 해가 바뀌면서 번복된다.

1980년 2월 15일

대법원은 서옹 전 종정 스님의 가처분 집행 취소결정에 대한 재항고를 기각했다. 이는 개운사측의 완전 승소를 의미한다.

3월 2일

종단 불화를 해결하기 위해 개운사 — 조계사측이 합의했다. 송원 스님이 조계종총무원장에 취임했다.

3월 14일

개운사측은 문공부에 '종단대표 임원 취임 변경등록 촉구 결의문'을 제출해 조계사측의 고암 스님을 말소하고 개운사측의 총무원장 월하 스님을 대표권자로 변경해줄 것을 요구했다.

3월 30일

조계사측의 고암 종정과 송원 총무원장이 개운사측의 월하 총무원장과 월주 종회의장이 종단통합을 위한 합의조약서에 서명했다. 합의조항은 △제4,5대 종회를 인정할 것 △종회의원 69명 중 42명은 교구별로 직선하고 나머지는 개운사측이 14명을, 조계사측이 13명을 추천할 것 △현 제5대 종회의 임기를 단축, 20일 이내에 종회의원 총선거를 실시할 것 △선거관리는 기존 선거관리위원회(위원장 녹원)가 할 것 △제6대 종회의 구성과 함께 양측 집행부는 총사퇴할 것 등이다.

4월 2일

중앙선거관리위원회 위원장 녹원 스님은 "총선일자를 17일로 공고하고 22일까지 당선자 등록을 마감한다"며 "26일 중앙종회 개원식을 거행하고 30일까지 새 집행부가 정식 종무행정을 인계 · 집행할 것"

이라고 밝혔다.

4월 26일

제6대 중앙종회는 예정대로 개원식을 갖고 의장단(의장 도연)과 총무원장(월주)을 선출했다. 종정추대와 관련 양측이 각각 성철 스님과 월산 스님을 내세워 두 차례 투표를 했으나 과반수 득표가 이뤄지지 않아 다음으로 미뤘다. 각 요직을 개운사측이 독점하자 조계사측이 반발했다. 이에 따라 월주 총무원장 체제가 출범했으나 인수인계는 이뤄지지 못했다.

4월 28일

월주 스님은 기자회견을 통해 "불교의 자율적인 운영을 위해서는 불교재산관리법·공원법의 개정이 선행돼야 한다"며 "종단은 불교의 전통을 현실에 맞게 개혁해 민족의 증언자·민중의 향도 역할을 담당해야 한다"고 취임사를 밝혔다.

5월 15일

총무원 전 종정 직무대행 고암 스님과 신임 총무원장 월주 스님이 조계종 사무인계 인수서에 조인하고 모든 사무인계 인수 절차를 완료했다. 또한, 종단 안정을 최우선으로 하는 13개 국장 인사를 단행했다.

조계사 — 개운사파의 대립이 해결되고 월주 스님 총무원장 체제가 이뤄지는 2년 동안(1779년·1980년)은 한국사회도 정권이 교체되는 시기이다. 그리고 그 시기는 교묘하게도 궤를 같이 한다. 김재규의 총알에 박정희 대통령이 쓰러지자 유신정권도 모래성처럼 흔적 없이 무너지고 공석의 권좌權座에는 전두환 장군이 앉았다. 이때 불교계는 조계사파와 개운사파로 나뉘어 분규를 겪었다. 2년 7개월간 지속된 종단분규는 경국사 주지의 이중 발령이 나는 등 많은 부작용을 빚었다. 하지만 대법원이 개운사파의 손을 들어줌에 따라 양측은 종단통합에 합의했다. 총선거 결과 월주 스님이 신임 총무원장에 당선됐고, 이에 따라 종단구도는 종단 중심제에서 총무원장 중심제로 바뀌게 되었다.

월주 스님은 감은 눈을 뜨면서 다시 한 번 이같이 어처구니없는 사태가 벌어진 이유를 생각해봤다.

결과적으로 총선거 결과에 조계사파가 승복했다고 하나 2년 7개월이나 지속된 대립의 앙금이 쉽게 가라앉을 리 없었다. 불만을 품은 일부 승려들이 제출한 민원투서가 국보위에 접수됐을 것이다. 하지만 그 정도가 구속영장도 없이 종단 중진 스님 46명을 연행하고 전국 사찰을 쑥대밭으로 만들만큼 긴박한 상황이었을까? 이런 저런 생각을 하다보니 월주 스님은 섬광처럼 스쳐 가는 기억 하나가 떠올랐다. 보안사령부 소속 이현식 씨가 자신을 찾아온 일이었다. 방문 이유는 조계종총무원의 명의로 전두환 장군의 대통령 당선 지지성명을 내달라는 것이었다. 이씨는 들고 온 서류를 내보였다. 서류에는 '구국영웅 전두환 장군을 대통령을 추대하길 바랍니다'라는 글귀가 쓰여져 있었다. 스님은 서류를 읽어본 후 손사래를 쳤다. 광주를 피로 물들

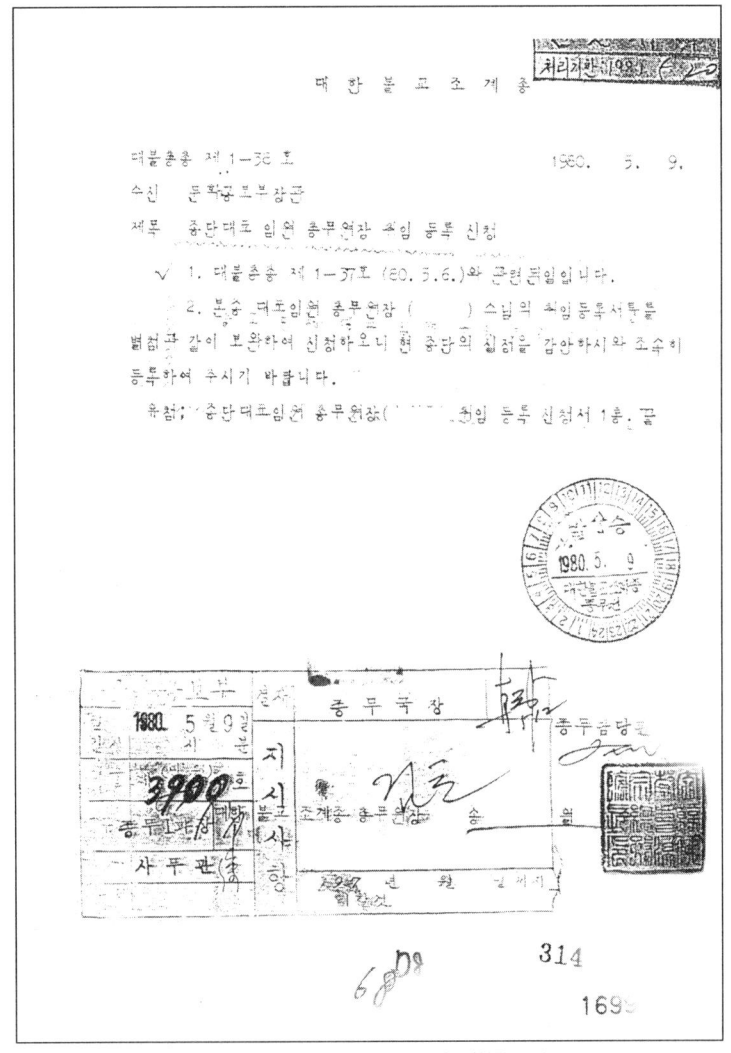

월주스님이 총무원장 당선 후 문공부에 총무원장 취임 등록을 신청한 문서.

이고 집권한 신군부의 정당성을 인정할 수 없었기 때문이었다. 스님은 정교분리의 원칙을 들어 정중히 거절했다. 며칠 후 이현식 씨가 다시 찾아왔다. 들고 온 서류의 내용은 같았으나 다만 서류 하단의 명의가 조계종총무원장이 아니라 조계종총무원이라는 점이 달랐다. 조계종총무원장 개인 명의가 힘들다면 조계종총무원 명의로라도 지지성명을 내달라는 게 이씨의 부탁이었다. 스님은 역시 정교분리의 원칙을 들어 이씨를 돌려보냈다.

며칠 후 이번에는 교역직 정대 스님이 같은 서류를 들고 왔다. 이씨가 자신이 부탁을 들어주지 않자 정대 스님에게 찾아간 모양이었다. 스님은 서류를 보지도 않은 채 단호하게 말했다.

"정교분리 원칙은 대한민국 헌법에도 '종교는 인정되지 아니하며, 종교와 정치는 분리된다'고 명시돼 있습니다. 종교는 국가권력에 예속되어서는 안됩니다. 불법佛法은 국가권력과는 분리되어야 합니다."

스님의 말에 정대 스님이 머리를 조아렸다.

전두환 장군 대통령 지지성명 발표 거부는 조계종의 한국불교총연합회와 전한국불교회의 탈퇴와도 직결되는 문제였다.

조계종총무원은 1980년 7월 21일 종무회의를 통해 각종 불교행사는 총무원이 주최하고 전국신도회가 주관하며 동국대를 주축으로 하는 종립학교와 신행단체들이 후원하기로 의결했다. 이에 따라 종단은 대한불교총연합회와 전한국불교회 등의 연합적인 성격을 띤 단체에 관여하거나 참여않기로 결정했다. 전한국불교회는 불교정화 결의대회에서 국보위 시책을 노골적으로 지지했는데, 이는 당시 조계종의 자율정화방안과 대치되는 것이었다.

이어 조계종은 7월 25일 한국불교총연합회와 전한국불교회 등 불교협의체에서 탈퇴키로 결의했다.

당시는 전국 곳곳에서 전두환 장군의 대통령 지지성명을 발표하던 때였다. 전 사회적으로 지지성명를 발표하지 않은 단체는 조계종과 천주교뿐이었다.

전한국불교회에서 조계종이 탈퇴한 이유도 단체의 어용적인 성격 때문이었다. 종단의 자율성 확보를 위해 월주 스님은 조계종총무원 건물에 있던 어용단체들을 모두 내보냈다. 몇 차례 봉행된 호국법회에서도 어용적 행각을 벌이지 않았다.

심지어 월주 스님은 언론 및 방송의 인터뷰에서도 '군사정권의 역사적 평가'를 운운해 신군부의 표적이 되었다.

전두환 대통령 지지성명 발표를 거부한 게 떠오르자 잇따라 민주화항쟁이 일어난 광주로 내려간 데까지 생각이 미쳤다. 그러고 보니 신군부에게는 자신이 껄끄러운 존재일 수밖에 없었을 것이다. 하지만 종교지도자로서 5·18광주민주화항쟁을 묵과할 수만은 없었다.

조계종총무원이 처음으로 광주민주화항쟁의 지원책을 논의한 것은 1980년 5월 30일 열린 확대간부회의에서였다. 이어 6월 2일 직할 사

5·18 직후 조계종의 대처. 5·18광주민주화항쟁이 발생하자 조계종에서는 진상조사선무단 파견과 구호봉사단을 결성하는 등 신속하게 대처하였다(1980.5).

암 주지 및 각급 산하단체 장 회의를 갖고 광주 시민돕기 대책본부(본부장 월주)를 설치했다. 월주 스님이 광주 현장을 방문한 것은 6월 6일이었다. 월주 스님은 정시채 전남지사, 소준열 계엄사 분소장 등을 만나고, 조계종총무원에서 출연한 지원금과 각 사찰 모금액 2백만원을 부상자 입원병원에 전달했다. 이어 광주 증심사에서 무고하게 희생된 영령들의 천도제를 지내려 했으나 소준열 장군이 반대해 위패만 봉안했다.

당시 광주를 내려가기까지도 우여곡절이 많았다. 광주로 떠난다는 소식을 듣고 종로경찰서장이 찾아와 이를 극구 만류했다. 만류 이유는 광주를 방문할 경우 신군부와의 관계가 껄끄러워진다는 것이었다.

하지만 월주 스님이 끌려와 23일 동안 수사를 받는 동안 전두환 장군 지지성명 거부와 광주방문에 대해서도 일언반구도 묻지 않았다. 월주 스님이 끌려간 곳은 합동수사본부 산하 수사1국이었다. 보안사

직원들이 업무를 담당한 수사1국은 월주 스님 비롯해 조계종총무원 간부들을 심문했다. 월주 스님에게 집중적으로 물은 것은 조계종분규와 부정축재자금에 대한 사항이었다. 조사결과 혐의가 없자 수사1국은 스님을 훈방조치했다. 그런데도 수사관들은 월주스님에게 총무원장 사표를 강요했다.

이는 부당한 정치권력이 개입이 분명했다. 어찌 보면 월주 스님의 총무원장 사퇴는 예정된 일이었는지도 모른다. 신군부는 처음부터 월주 스님을 인정하지 않았고, 월주 스님 또한 신군부를 인정하지 않았다. 신군부와 월주 스님의 첨예한 대립의 이면에는 월주 스님의 불교관계법 개정 요구와 국보위의 사회정화 지시가 상충하고 있었다.

1980년 3월 1일 대한불청 전국회장단회의에서 '불교재산관리법' 개정을 촉구하면서부터 불교관계법 개정 요구는 수면 위로 떠올랐다. 월주 스님은 4월 28일 총무원장 당선 직후 기자회견을 갖고 "불교의 자율적인 운영을 위해서는 불교재산관리법과 공원법의 개정이 선행돼야 한다"고 불교법 개정 의지를 밝혔다.

이어 조계종총무원은 재적 전 승려의 일제 분한신고와 승려증 갱신기간(7월 10일~10월 10일)을 발표했다. 이는 전 승려의 수행이력(안거, 수계, 법계, 수학) 사실기재 및 각종 유고로 인한 승적부의 정리를 통해 종무행정에 차질이 없도록 하기 위한 조치였다. 조계종총무원은 사찰재산의 관리 철저를 위해 망실재산 등의 환수를 적극 추진하고 이에

송월주 총무원장이 밝힌 자주·자율적인 종단운영 방침 보도(1980.7). 조계종은 자주와 자율을 기치로 내세우면서 당시 집권세력과 일정한 대응관계를 유지하였다.

따른 사찰의 실태조사에 착수했다. 이는 불교 사암 재산의 실태 조사를 통해 토지사기범들이 상실재산을 교묘히 탈취하는 것을 미연에 방지하기 위한 조치였다.

조계종총무원은 7월 20일 "불교재산관리법 등 사찰관련 법령을 사찰의 자주적인 운영을 통해 개정하자"고 관계당국에 건의했다.

같은 맥락에서 월주스님은 7월 24일 기자회견을 갖고 "종단 발전의 근간이 되는 3대 사업(도제양성, 포교, 역경)을 펴나가면서 안으로는 종단안정의 기틀을 마련하고 밖으로는 종단의 자율성을 확보할 수 있는 운영체계를 확립하겠다"며 "불교종단의 자율적인 운영을 위해 불교재산관리법, 공원법, 문화재보호법, 그린벨트법 등 개정 여부를 연구중이며 이는 정부관계부처와의 협의 대화를 통해 추진할 것"이라고 밝혔다.

불교관계법 개정 논의가 계속된 끝에 관련 업무를 담당할 단체가 설립됐다. 전국중요사찰 주지 및 실무자회의는 8월 14일 불교관계법 개정에 따른 광범위한 논의를 벌인 끝에 불교관계법 개정 5인추진위원회(이두, 혜성, 종하, 명선, 향운 스님)를 구성하고 각 법과 시행령의 개정 시안을 작성해 25일 문공부와 입법회의에 제출하기로 결정했다.

내부 논의를 거친 끝에 조계종총무원은 9월 17일 불교재산관리법, 문화재보호법, 공원법, 도시계획법 등 개정시안을 문공부에 제출했다. 국익에 부응하되 교단의 자주적인 운영에 저해되는 요인은 개정해야 한다는 게 총무원의 입장이었다. 개정시안의 주요내용은 아래와 같다.

불교재산관리법— 대표자의 등록조항을 신고조항으로 하고 분규 시 불교단체의 재산관리인 임명조항를 폐지해야 한다.
문화재보호법— 각 분과위원회 위원에 승려를 위촉해야 한다. 또, 문화재보호구역 내 건축물의 중·개축과 신·재축·형질변경승인을 완화해야 한다.
도시계획법 시행령— 경내지 시설물에 대한 중·개축과 신·재축 등 기존 미등기 건물이 법의 제한을 받지 않도록 해야 한다.
도시공원법— 문화재보호법 등 이중규제를 해제해야 한다.

사찰공원법— 사찰고유의 재산침해를 시정하고 사찰공원 입장료를 사찰토지 사용료로 3할 지급한다.

문공부에서 답신이 오지 않자 월주 스님은 10월 20일 열린 조계종 본사 및 직할 사암 주지, 신행단체장 연석회의에서 "교단 운영의 자율적인 의지가 성숙되고 있는 시점에서 부당한 간섭을 배제하기 위해서는 불교관계법의 개정이 시급하다"며 불교관계법 개정의 중요성을 역설했다. 당시 월주 스님이 발표한 불교관계법 개정 취지문의 주요내용은 아래와 같다.

불교관계법령은 문화재 보호와 불교재산 횡령 예방이란 좋은 뜻에서 제정되었으면서도 운영과정에서 재산관리를 명분으로 어느새 불교종단 내지 단체관리법으로 둔갑했다. 그러므로 문화재 보호를 빙자한 조계종의 소유권을 부인하는 입법규제는 불가하다. 사찰재산은 사찰의 규약 또는 종단의 종헌에 의해 규범적 관리와 보호를 할 뿐만 아니라 그 운용과 경영에 있어서도 지난 수백 년간 공인 받아온 실적에 의해 자율적 자치로 해 나가야 할 것이다.

조계종총무원이 불교관계법 개정 요구안을 문공부에 제출한 것은 1980년 9월 17일이고, 월주 스님이 불교관계법 개정 취지문을 발표한 것은 1980년 10월 20일이다. 10·27법난이 일어나기 코앞의 시점이다. 과연 10·27법난과 조계종의 불교관계법 개정 요구는 전혀 함수관계가 없는 것일까?

앞서 살펴본 바와 같이 신군부와 월주 스님은 꾸준히 만날 수 없는 철로처럼 평행선을 그려왔다. 신군부는 조계종이 순순히 입 다물고 따르는 벙어리 어용종단이 되길 바랐지만 월주 스님은 꼭두각시 시녀 역할을 거부하고 정권분리의 원칙 아래 끊임없이 자율성 확보를 주장했다. 둘의 관계에서 가장 쟁점이 됐던 것은 불교계의 자체정화에 대한 부분이었다.

12·12사태 이후 광주민주화항쟁을 총칼로 진압하고 정권을 찬탈한 신군부는 당위성 확보에 적지 않은 고민을 했다. 특히 전두환 대통령은 국민동의의 마지막 출구인 직선제를 포기함에 따라 박정희 정권에 대한 적지 않은 열등의식을 느꼈을 것이다. 또한, 쿠데타 성공이후 '근대화'라는 사회적 비전을 제시한 박정희 정권과 달리 신군부는 정권장악의 당위성이 확보되지 않은 상태였다.(필자가 박 정권의 '개발독재'를 옹호한다는 것은 아니다.) 때문에 신군부는 국보위를 신설하고 사회정화라는 명목 아래 휘황찬란한 쇼를 마련하는데 그 일환으로 벌어진 사건 중 하나가 10·27법난일 것이다. 당시 신군부는 그것만이 국민적 동의를 얻는 명분이라고 생각했는지 사회정화에 대해 열을 올리는데 불교계도 예외는 아니었다. 신군부는 불교계에도 정화 지침을 하달했는데 월주 스님은 이에 대해 갈마법에 의거해 자체 정화하겠다는 방침을 고수했다. 10·27법난 이전 신군부의 불교정화

조치와 불교계의 대응에 대해 살펴보자.

1980년 5월 31일
정부는 최대통령을 의장으로 하고 주요 각료 및 군 수뇌 등 26명을 위원으로 하는 '국가보위비상대책위원회(위원장 전두환)'를 구성, 발족시키고 30인 이내의 상임위원회를 별도로 설치했다.

6월 7일
국보위는 "국가발전을 저해하는 제반 혼란요인을 하루 빨리 발본색원하겠다"며 사회개혁 단행의지를 밝혔다.

6월 14일
국보위는 "국가기강확립을 위한 구체화작업을 위해 자료, 여론을 수집하고 있다"고 발표하고 국가기강 확립 4대 목표를 확정했다.

6월 26일
김만기 국보위 사회정화 분과위원장이 사회 각 분야에서 자체정화가 미흡하면 국보위가 직접 개입한다고 언명했다.

8월 22일
문공부는 종교계 지도자들을 신라호텔에 초청해 종교계 전반의 자율정화 방안을 지시했다. 8월 25일 문공부는 종교단체 정화추진 실무자회의를 열고 구체적인 정화를 논의했다.

종단의 정화 추진방안 관련 보도기사(1980.10). 불교계는 자율적인 정화를 기하려고 하였으나 결국 10·27법난이라는 타율적인 정화라는 멍에를 입게 된다.

8월 26일

조계종총무원은 정화추진방안을 발표했다.

8월 31일

조계종총무원은 국보위의 타율정화지시를 거부하고 불교계 자체정화 작업에 착수했다. 중점정화방안은 △종단내부 분쟁해소 △종교인 자질 향상책(교직자 사칭행위와 무자격 교역자 색출) △재산분규 등 병폐대상 제거 등이다.

10월 20일

조계종총무원은 본사 및 직할 사암 주지, 신행단체장 연석회의를

군홧발에 짓밟힌 정교분리의 원칙

열고 자율정화 세부지침을 확정했다. 조계종 자체정화추진위원회는 20~45명으로 구성하고 24개 교구본사에 각각 지부를 설치키로 했다. 정화방안은 △축재금지 △불청정 행위 금지 △폭언, 폭력 행위 금지 △사치행위 금지 △상호비방 금지 등이다.

조계종총무원이 자율정화 세부지침을 확정하고 1주일 후 조계사는 군홧발에 무참히 짓밟혔다. 거의 같은 시기에 각각 국가와 조계종의 정책 수반에 오른 전두환과 월주 스님의 상충관계는 그렇게 일단락 되었다. 국보위의 사회정화와 월주 스님의 종단 자율성 확보라는 배치구도의 마침표를 찍은 것은 10·27법난이었다.

월주 스님이 국보위의 정화지침에 귀를 기울이지 않은 까닭은 불교정화는 전통에 따라 갈마법에 의거해 실시하겠다는 의지 때문이었다.

이와 관련 월주 스님은 "국보위의 정화지침이 내려왔지만 관권을 들여 불교계 정화를 단행하고 싶지 않았다"며 "불교전통인 갈마정신과 율장정신에 입각해 정화기구를 구성하고 자율적인 정화를 독려하기 위해 교구 본·말사 주지들에게 지침만 하달했다"고 회고했다. 스님은 또 "당시 '정화' 하라고 명령했던 사람들보다 불교계가 훨씬 더 깨끗했다는 확신을 갖고 있었다"고 덧붙였다.

흥미로운 사실은 10·27법난이 일어나기까지 국가로부터 월주 스님의 총무원장 승인이 이뤄지지 않았다는 점이다. 월주 스님이 문공부에 총무원장 취임등록 신청서를 제출한 것은 1980년 4월 27일 총무원장 당선직후였다. 하지만 문공부는 명확한 이유를 밝히지 않은 채 총무원장 취임 등록필증의 교부를 연기했다. 시간이 지나도 문공부의 승인이 이뤄지지 않자 월주 스님은 7월 24일 기자회견을 갖고 문공부의 등록지연을 '부당한 처사'라고 성토했다.

결국 월주 스님은 총무원장 승인이 이뤄지지 않은 채 총무원장 포기각서를 써야했다.

당시 조계종총무원이 문공부에 접수한 '불교단체 대표임원 취임등록신청서'에는 제62회(임시) 중앙종회 결의사항이 적혀있다. 무기명 비밀 투표 결과 황도견 의원이 재적과반수인 36표 득표로 의장으로 선출됐고, 송월주 스님이 재적과반수인 38표를 얻어 선출됐다는 게 결의사항의 주요 골자다. 종정추대와 관련 "무기명 비밀투표로 종정을 추대코자 2차에 걸친 투표를 실시하였으나 투표결과 모두 재적과반수 득표자가 없어서 종정추대를 마치지 못하고 회기를 10일간 연장하기로 결의하고 5월 7일·8일 양일간 속회를 하였으나 종정 스님을 추대하지 못하였다"고 기록돼 있다.

이에 대한 당시 문공부 서류인 '대한불교조계종 대표자 등록신청 처리계획'에는 '종정 미추대'를 이유로 들어 '분규 중 쟁점사항이 완전 해결되지 못했다'고 평가했다. 또한 문서 하단에는 처리계획에 있어 반송과 등록수리의 두 경우의 장·단점이 명시돼 있다. 반송의 경우 △쟁점사항의 협상기회를 부여하고 △화합종단의 발족을 기대할 수 있는 장점이 있는 반면 △선임된 대표자 등록수리 거부로 신청자측(개운사)의 원성이 높아질 단점이 있다고 파악했고, 등록수리의 경우 △행정창구의 일원화의 장점이 있는 반면 △상대측의 소송제기 가능성을 부여하고 △상대측(조계사) 원성의 대상이 될 수 있다는 것이다.

월주 스님이 포기각서에 서명함에 따라 문공부에 또 다른 대표임원 취임등록 신청서가 접수됐다. 신청서를 접수한 단체는 대한불교조계종 정화중흥회의였다. 취임년월일은 1980년 11월 5일이다. 신청서에 첨부된 '종단대표 임원 취임등록 사유서'에는 정화중흥회의 취임에 대한 이유가 기재돼 있다.

　　본종은 수년동안 행정부의 입법부의 견해차이로 분규가 시작되어 종단은 물론 사회에까지 물의를 야기시켜 오는 중 양측의 화합으로 1980년 4월 26일 제 62회 임시종회에서 새 집행부를 구성하였습니다. 그러나 장기간 동안의 불화사태는 종결되지 않고 종정을 추대 못한 채 그 여파가 계속되다가 범국민적으로 사회정화운동이 전개되자 본종에서도 자체정화작업을 시작하였습니다만 종단 자체적으로는 힘이 미흡하여 10월 27일 계엄당국의 수사에서 많은 승려들이 연행되어 조사를 받게 되었습니다. 이러한 교계 일부의 불행한 사태발생에 종단은 그 책임을 통감하면서 사태수습과 종단정상화를 위하여 11월 3일 원로회의와 제63회 (긴급)중앙종회를 개최해서 종단의 사태수습을 조속히 해결하기 위해서 종헌 제114조(별첨)를 신설하고 이에 따라 종단기구를 개편하여 잠정적으로 중앙종회를 해산하였습니다.

종헌 제114조에 의거한 개편기구는 대한불교조계종 정화중흥회의로서 11월 5일 정화중흥회의 의원 51명이 회의를 개최해서 본회의 의장단과 상임위원회, 정화분과위원회, 기획연구분과위원회 임원을 선출하고 현재는 상임위원회(중흥종무원)에서 종무행정 전반의 업무를 관장하고 있으나 종단사태수습과 종무행정의 원활한 추진이 시급하여 종단대표임원 취임등록을 신청하게 된 것입니다.

개정된 종헌 제114조는 △종단 정화중흥과업을 신속 정확하게 수행하기 위해 불교정화중흥회를 둘 것 △종정, 원로회의 중앙종회, 총무원, 규정위원회 및 법규원회의 모든 권한을 승계해 행사할 것 △중앙종회에서 선출한 40~60인의 비구, 비구니를 구성할 것 △조직 및 운영, 존립기간에 관하여는 종법으로 정할 것 △중앙종회는 불교정화중흥회의 구성과 동시에 해산할 것 등 조항이 나열돼 있다.

정화중흥회의는 또한 '불교단체 대표임원 취임등록 신청서 반려요청'도 문공부에 제출했는데, 내용은 '1980년 5월 9일자 귀부에 신청한 불교단체 대표임원 총무원장(송월주) 스님의 취임등록은 본종 종헌 제114조(신설)에 의거 종단기구가 개편되었음으로 철회하오니 반송하여 주시기 바란다'는 것이다. '불교단체 대표임원 취임등록 신청서

반려요청'의 첨부문서로는 송월주 총무원장의 사임서 사본이 첨부되었다.

이후 정화중흥회의는 1981년 1월 7일 제3회 정화중흥회의에서 종단기구를 종전대로 환원하기로 결의했다. 1981년 1월 10일 원로회의에서 추대된 종정과 총무원장, 중앙간부는 종정 성철 스님, 총무원장 성수 스님, 교화부장 법마 스님, 종무부장 암도 스님, 재무부장 정대 스님, 규정부장 성파 스님 등이다.

2년7개월간의 대립 끝에 총무원장에 당선된 월주 스님, 하지만 그의 총무원장 임기는 고작 다섯 달에 불과했으며, 임기가 마칠 때까지 총무원장 승인조차 이뤄지지 않았다. 한국 현대사 이래 최고 비운의 총무원장 역할을 수행했던 월주 스님. 스님은 1989년 5공청문회가 벌어짐에 따라 악몽 같았던 10·27법난과 다시 조우하게 된다. 그리고, 총무원장 포기각서에 서명을 한 지 14년만에 다시 총무원장직에 오르게 된다.

의아스러운 것은 월주 스님이 5공청문회 증인 참석을 느닷없이 하루 앞두고 거부했다는 점이다. 이에 대해 월주 스님은 "처음에는 청문회 실황이 공중파를 통해 방영된다고 했는데 나중 들어보니 비공개로 진행된다고 해서 거부했다"고 말했다. 스님의 주장은 일견 일리가 있다.

국방부가 1988년 12월 30일 개최한 '10·27법난 설명회'에서도 불교계 언론만 참석했기 때문에 신군부의 만행이 얼마나 악랄했는지 사회에 알릴 수 없었다.

월주 스님은 감았던 눈을 떴다. 눈을 떴으나 세상은 여전히 어두웠다. 무명無明 속의 세상. 그것이 바로 제5공화국의 실체였다. 월주 스님이 총무원장 포기각서에 서명하자 수사관들은 입이 귀에 걸렸다. 그것으로 모든 수사는 종결되었다. 월주 스님은 수사관들이 주고받는 말에 귀를 기울였다. 수사관들은 서류를 들고 합수본부와 청와대로 보고를 하러 갈 것이라고 했다. 당시 합수본부장의 명패는 노태우의 것이었고, 청와대의 주인은 전두환이었다.

10·27법난의 최고책임자 전두환 전 대통령이 조계종총무원장 법장스님의 영결식장에 참석해 헌화를 하고 있다.

군홧발에 짓밟힌 정교분리의 원칙

4

'승려의 도'와 '군인의 길'

4. '승려의 도道'와 '군인의 길'
— 45계획의 전말

김충우(전 합수단장) 대령은 1989년 1월 30일 국방부 육군회관에서 열린 '10·27법난 설명회'에서 10·27법난 수사 경위를 설명했다. 김대령의 앞에 마이크가 놓이자 순간 50여 명의 스님들의 시선이 시위를 벗어난 화살처럼 그에게로 쏠렸다. 이날 불교계에서는 조계종 총무원장 의현 스님을 비롯해 월주 스님 등 지도급 인사 및 피해당사자 50여 명이 참석했다. 실내는 웅성대기 시작했다. 자신을 쏘아보는 눈빛

10·27 법난에 대한 규탄 및 진상규명 요청. 1984년부터 법난에 대한 진상규명이 가시화 되었다. 그러나 이 문제가 본격화 된 것은 노태우 정권이 등장하고 국회에서 5공비리조사특위가 구성되면서부터이다. 당시 불교계에서도 10·27법난에 대한 진상규명과 명예회복을 강력히 주장하였다.

1989년 1월 30일 국방부 육군회관에서 열린 10·27법난 설명회에 대한 법보신문 기사.

들이 마치 사격장 표적을 바라보는 총구처럼 여겨져 김대령은 조심하지 않을 수 없었다. 김대령의 입이 떨어지기 무섭게 실내에는 침묵이 감돌았다.

"국보위의 업무 수행은 주로 행정부처와 계엄사를 통해 시행하게 되었으므로 원칙적으로 국보위 지시는 계엄사를 거쳐 수사관례상 합동수사단으로 직접 전달되는 것이 상례였으며 따라서 합동수사단은 실제적으로 국보위와 상명하복 관계에 있었습니다."

다시금 회의장이 시끄러워졌다. 김대령의 말은 비록 우회적이긴 했지만 10·27법난의 지휘자가 전두환 전 대통령이라는 사실을 밝힌 셈이었다. 이날 김대령은 10·27법난의 지휘체계가 어떻게 이뤄졌는지 설명했다. 국보위(의장 전두환·대통령 겸임)의 지시를 받은 계엄사령부 직속 합동수사본부(본부장 노태우) 산하 합수단이 10·27법난 수사를 담당했던 사실을 털어놨다. 전임 합수단장 이학봉 씨가 국보위 사회정화위와 불교계진정 등을 모아 불교계 정화안을 마련했으나 그가 곧 청와대 민정수석으로 떠남에 따라(1980년 8월말) 보안사 대공처장인 자신이 10·27법난 사건을 맡게 됐다는 게 김대령의 증언이었다. 김대령은 훗날 MBC 〈이제는 말할 수 있다〉 담당 PD와의 인터뷰와 필자와의 인터뷰에서도 일관된 주장을 펼쳤다. 하지만 전임 합수단장인 이학봉 씨는 이를 전면부인하고 있다. 1980년 9월 전두환 대통령이 취임식을 갖고 청와대 민정수석이 됐기 때문에 10·27법난 업무는 수행한 바 없다는 게 이씨의 주장이다. 이씨는 또한 계엄령 당시 국보위 산하 조직의 사례를 들어 국보위의 지시사항도 부인하고 있다. 당시 보고체계는 '합수단→합수본부→국보위'로 이뤄졌으며 보고내용에 따라 국보위가 수사지시 여부를 판단했으므로 보고도 이뤄지지 않은 사건이 상부 지시사항으로 내려왔을 수 없다는 것이다. 이씨는 국보위의 10·27법난 수사 지시에 대해 "종교계 정보를 수집하는 일은 합수부 산하 정보처의 업무였고 합수단은 수사만 담당하는 부서였다"고 주장했다.

이날 설명회장에서는 국방부가 10·27법난에 대해 수사한 〈불교수사경위〉 문건이 참석자들에게 나누어졌다.

문건에는 △합동수사본부의 지휘체계를 비롯해 △국보위 구성기구와 역할 △10·27법난 불교계 수사사건의 경위 △1980년 10월 30일 전국사찰수색 경위 △국무총리 담화 등이 실려 있었다. 문건에는 10·27법난을 이렇게 정리했다.

종단분규가 극도로 악화된 1979년에는 청와대, 문공부, 검찰, 치안본부 등 각 기관에 폭력 및 사기부정비리를 수사 처벌해 달라는 건의 진정 및 고소 사례가 계속되었다.

1979년 10월 26일 계엄선포 후 계엄사에도 진정 및 고소가 쇄도하여 당시 계엄사령관 자문기구였던 계엄위원회가 1980년 2월 자체회의에서 불교계의 문제점을 토의했다.

종단분규에는 원칙적으로 개입하지 않고 불교계 내에서 자체적으로 해결하도록 한다는 방침을 세우고 불교계 재산관리 등 제도상의 문제점 보완을 위한 새로운 법규제정이 필요하다는 등 불교계 문제가 계엄업무현안으로 제기되었다.

5월 17일 계엄 확대 후 국보위가 설치되어 사회개혁에 착수한다는 보도가 나가자 불교계의 문제도 국보위로 건의 진정하게 되어 각종 불교계 민원이 국보위에 접수되었다.

국보위에서는 처음에는 개별적인 민원사건으로 관계기관에 하달·처리토록 하였으나 계속적인 진정 및 투서가 쇄도하고 사회정화 차원에서 수사해달라는 스님 및 신도연명의 진정서를 접하고 국보위 사회정화 분과 위원회에서 우선 각 분야의 자율 정화를 촉구함과 동시에 자율정화가 미흡한 분야에 대해서는 정부가 개입하겠다는 의지를 천명하였음에도 별다른 진전이 없자 1980년 6월경 불교계를 정화수사토록 합수단에 지시했다.

수사지시를 받은 합수단은 당시 과중한 계엄업무수행으로 수사에 착수치 못하고 미뤄오던 중 광주민주화항쟁 수사 등 주요사건이 마무리되자 1980년 10월경 수사에 착수했다.

그동안 투서, 진정, 고발 등에 나타난 일부 스님 및 신도 중의 부정비리, 폭력행위자 등의 명단을 정리한 결과 총 1백여 명이 거론되었으나 내용이 경미한 자는 가능한 제외하고 46명만을 조사대상으로 선정하는 등 세부계획을 수립했다.

수사과정에서 계속 진정 및 고발이 접수되어 24명을 수사대상자로 추가 선정하여 총 70명이 되었으나 그중 15명이 도피함으로써 실제 수사인원은 부정축재 비리혐의자 22명, 폭력배 21명, 사건 브로커 11명, 기타 1명 등 총 55명이었다. 이들을 조사하는 과정에서 참고인으로 98명이 소환됐다.

수사결과 18명을 사직당국에 고발 형사입건하였고, 32명은 조계종에 설치되었던 정화중흥회의에 이첩해 자체 징계위원회에 회부해 승적박탈 및 종직을 사퇴케 하였으며, 5명은 훈계 방면 조치했다.

이날 국방부는 끝내 10·27법난 명령자와 입안자의 규명을 명확히 하지 않았다. 설명회가 막을 내리자 10·27법난 피해자들이 발끈하고 나섰다. 스님들의 얼굴에는 한결같이 관자놀이에 실핏줄이 돋아 있었다. 붉어진 낯으로 스님들은 법난 명령자와 입안자의 규명과 불교계 명예회복을 주장했다. 주위에는 온통 분노로 가득 찬 얼굴들뿐이었다. 김대령은 난감했다. 10·27법난 당시 김대령의 직속상관은 노태우 합수본부장이었다. 하지만 노태우 합수본부장은 국가의 총책임자가 되어 있었다. 설령, 대통령에 당선되지 않았다 해도 김대령은 노태우의 이름을 발설할 수 없는 일이었다. 어떠한 상황에서도 납처럼 입이 무거워야 하며 결단을 내릴 때는 피스톨을 당긴 총알처럼 신속해야 하는 게 '군인의 도道' 였다. 분노에 찬 스님의 목소리에 김대령은 시종일관 침묵으로 응수했다. 어쩌면 김대령은 속으로 '군인의 길'을 암송했을 지도 모를 일이다.

"하나, 우리는 국토를 지키고 조국의 자유와 독립을 위하여 값있고 영광되게 몸과 마음을 바친다. 둘, 우리는 필승의 신념으로써 싸움터에 나서며 왕성한 공격 정신으로써 최후의 승리를 차지한다. 셋, 우리는 솔선수범하여 맡은 바 책임을 완수하고 명령에 복종하며 엄정한 군기를 확립한다. 넷, 우리는 실전과 같은 훈련을 즐거이 받으며 새로운 전기를 끊임없이 연마하여 강한 전투력을 갖춘다. 다섯, 우리는 존경과 신애로써 예절을 지키며 공과 사를 가리여 단결을 굳게하고 생사고락을 같이한다. 여섯, 우리는 청백한 품성과 검소한 기풍을 가지며 군용시설을 애호하고 군수물자를 선용한다. 일곱, 우리는 국민의 자제로서 국민을 위하여 자유민의 전우로서 자유민을 위하는 참된 역군이 된다."

김대령에게 '군인의 길'은 스님들이 조석으로 외우는 『반야심경』이나 『천수경』과 같은 것이었다. 김대령은 강영훈 국방부장관의 국무총리 담화문을 들으면서 10·27법난 전후에 일어났던 상황들을 회고했을 것이다.

군복이 맞춤복보다 잘 맞았고, 군화軍靴가 운동화보다 편했던 시절이었다. 국민들이란 군화와 같아서 처음에는 뻣뻣하지만 점차 그 주인의 발에 맞춰 잘 길들여졌다. 이미 나라는 전두환 장군의 손아귀에 넘어간 지 오래였다. 전장군은 1979년 12월 12일 정승화 육군참모총장을 연행, 체포하면서 군부권력을 장악했다. "필승의 신념으로써 싸움터에 나서며 왕성한 공격 정신으로써 최후의 승리를 차지한다"는 군인의 길 두 번째 조항대로 여세를 몰아붙여 전장군은 최후의 승자가 되었다. 김대령은 역사를 새로 쓴 1979년 12월 12일을 기억했다. 12월 12일 저녁 10 · 26 사건 수사를 맡았던 보안사령관 전두환 소장은 9사단장 노태우 소장 등 하나회 출신의 정치군인들과(황영시, 유학성, 박준병, 박희도, 장세동, 김진영, 최세창, 정호용, 허삼수, 이희성, 김복동 등) 함께 군사 행동을 취했다. 전사령관은 박대통령 암살 사건에 관련 혐의가 있다는 이유를 들어 군통수권자인 대통령의 재가도 없이 계엄사령관인 정승화 육군참모총장을 강제 연행했다. 정총장 연행과정에서 군인들의 총성은 서울 밤하늘의 정적을 깨트렸다.

전사령관의 연행 재가 요청에 최대통령은 정총장 연행을 허락하지 않았다. 노재현 국방장관도 정총장을 석방하고 각자 부대로 돌아가라고 명령했다. 그러나 전사령관은 군을 동원해 중앙청, 국방부, 육군본부 등 국군의 허리에 해당하는 부서들을 차례로 장악했다.

결국 이 사건으로 신군부의 위법적인 행동에 반대했던 많은 군장성들이 체포되고 군에서 쫓겨났다. 3군사령관 이건영, 특전사령관 정병주, 수도경비사령관 장태완 등 정승화 총장의 추종세력들은 1980년 1월 20일자로 모두 강제 예편됐다. 이중 정승화 총장은 징역 10년형이 선고됐다.

이어 전사령관은 측근들을 요직에 앉히고 세력 굳히기에 들어갔다. 9사단장 노태우 소장은 수도경비사령관에 임명됐다. 그리고 전 사령관 본인은 1980년 4월 14일 공석 중이던 중앙정보부장의 자리까지 겸임했다. 1980년 봄, 정부는 새로운 민주 헌법의 제정을 미뤘다. 이에 반발한 학생들이 거리로 뛰어 나왔다. 5월 15일 신현확 총리는 담화문을 통해 "국회와 협의해 모든 정치 일정을 최대한 앞당기겠다"며 학생들에게 자제해 줄 것을 요청했다. 중동을 방문 중이었던 최대통령도 일정을 하루 앞당겨 16일 밤 귀국하려 하였다. 전사령관은 단결된 군이 중심이 되어 나라를 이끌어 나가야 된다고 주장했다. 전사령관의 요구에 최규하 정부는 5월 17일 24시를 기해 그간의 부분 계엄을 전국 계엄으로 확대했다. 최규하 정부는 계엄포고령 발표를 통해 △모든 정치 활동의 중지 및 옥내외 집회·시위의 금지 △언론, 출판, 보도 및 방송의 사전 검열 △각 대학의 휴교령 △직장 이탈 및 태업, 파업 금지 등 조치를 강행했다. 5월 18일에는 김대중, 김상현, 김종필, 이후락 등 26명의 정치인들을 학원, 노사분규 선동과 권력형 부정축재 혐의로 합동수사본부에 연행하고 김영삼을 가택연금 시켰다. 같은 날 전국의 각 대학과 주요 도시에는 공수 특전단을 비롯한 군부대가 투입됐다. 오랜 군부통치 아래에서 억압당한 국민들의 민주화의 염원은 이파리가 돋기 전에 꽃망울이 벙그는 봄꽃들처럼 간절히 피어올랐다. 하지만 끝내 '민주화의 봄'은 오지 않았다.

광주에 파견된 공수부대의 핵심인 7공수여단의 33대대와 35대대 병력은 민주화를 주장하는 광주시민을 군홧발로 짓밟았다. 당시 공수대원들은 귀가하는 학생·청년들을 닥치는 대로 두들겨 팼다. 만류하는 시민들도 공수대원들의 폭력을 비켜갈 수는 없었다. 이에 분노한 광주시민들은 5월 19일 금남로 일대에 집결했다. 공수대원들의 잔인 무도함에 광주시민들이 총궐기에 나선 것이다. 5월 20일 금남로에 모여든 시민들이 수만 명에 달했다. 2백여 대가 넘는 차량들이 도청 앞으로 길게 뻗은 금남로를 따라 줄이어 들어왔다. 헤드라이트를 밝힌 차량 행렬의 앞에는 대형 트럭이 앞장을 서고, 그 뒤로 버스와 택시들이 뒤따랐다. 1만여 명의 시민들이 차량 행렬을 에워싸고 금남로를 따라 서서히 도청 앞으로 나아갔다. 시민들과 공수부대 사이에는 팽팽한 긴장감이 감돌았다. 그날 밤 광주시내에는 날카로운 총소리가 울려 퍼졌다. 시민군들이 총에 맞아 쓰러진 것이다. 시민들은 인근 경찰서에 들어가 경찰 예비군용 총기, 실탄, 수류탄을 빼앗

아 무장해 계엄군과 맞서 싸웠다. 21일 새벽이 되자 공수부대는 광주 외곽으로 퇴각하였다. 광주의 평화는 길지 않았다. 5월 27일 새벽 3시 수많은 계엄군들이 광주 시내로 공격해 들어 왔다. 작전 개시 1시간 40여 분만에 도청은 계엄군의 손아귀에 들어갔다. 도청에는 피비린내가 진동했다.

계엄사령부는 7월 22일 광주민주화항쟁으로 인한 사망자 수가 1백89명이라고 최종 발표했다. 하지만 아직도 그 사망자와 행방불명자 수는 정확히 밝혀지지 않고 있다.

전사령관에게는 이제 박정희 대통령의 권좌權座를 이어받을 일만 남아있었다. 전사령관은 청와대로 입성을 하기 위한 초석으로 국보위(國家保衛非常對策委員會)를 설치했다. 국보위가 설치된 것은 1980년 5월 31일. 1980년 5월 27일 대통령령 제9897호에 의거해 국가보위비상대책위원회 설치가 확정됨에 따라 바야흐로 겨울공화국이 서막이 울려 퍼졌다.

국보위는 3金(김대중, 김영삼, 김종필)의 정치적 행보에 마침표를 찍게 함으로써 시대적 요청이었던 민주화의 불씨를 꺼뜨려버렸다. 때문에 국보위가 수행한 정치적·행정적 기능을 논할 때 5·16쿠데타 후 2년 반 동안 존속한 국가재건최고회의와 견줘 보려는 경향이 있다. 두 기관은 기존 헌법의 일부 기능을 정지시키고 새 헌법이 창출되기까지의 과도적 기간에 정권을 장악했다는 점에서 상당한 유사성을 지닌다.

물론 법률학적 시각에서 접근해보면 국보위와 최고회의 사이에는 약간의 차이가 존재한다. 국가재건최고회의는 박정희 정권이 장면 정부를 쓸어버리고 세운 기구이다. 하지만 국보위는 최규하 대통령을 허수아비로 내세워 의장직에 앉혀놓았기 때문에 외관상 '대통령의 보좌기관'으로 비춰졌다.

국보위 설치의 법적 근거는 기존의 계엄법과 계엄법시행령 및 정부조직법에 기초하고 있다. 국보위 설치령은 다음과 같다.

국가보위비상대책위원회 설치령(1980년 5월 27일 대통령령 제9897호)
제1조(設置) 비상계엄 하에서 계엄법 제9조 및 제11조의 규정에 의해 계엄업무를 지휘 감독함에 있어서 대통령을 보좌하고 국가를 보위하기 위한 국책사항을 심의하기 위해 대통령 소속 아래「국가보위비상대책위원회」를 설치한다.
제2조(構成) 비상대책위원회는 국무총리, 부총리 겸 경제기획원장관, 외무부장관, 내무부장관, 법무부장관, 국방부장관, 문교부장관, 문화공보부장관, 중앙정보부장, 대통령비서실장, 계엄사령관, 합동참모회희의장, 각 군 참모총장 및 국군보안사령관과 대통령이 임명하는 10인 이내의 위원으로 구성한다.
제3조(會議召集) 대통령은 비상대책위원회의 의장이 되며 의제를 선정해 소집하고 이를 주재한다.

제4조(常任委員會의 設置) 비상대책위원회의 위임에 따라 제1조에 규정된 사항의 기획과 집행의 조정 및 통제를 하기 위하여 비상대책위원회에 국가보위비상대책 상임위원회를 설치한다.

제5조(常任委員會의 構成) ①상임위원회는 위원장과 30인 이내의 위원으로 한다. ②상임위원회 위원장은 비상대책위원회 위원 중에서 대통령이 지명하며, 상임위원회 위원은 대통령이 임명 또는 위촉한다.

제7조(分科委員會의 設置) ①상임위원회의 사무를 분장, 처리하기 위하여 상임위원회에 분과위원회를 둘 수 있다. ②상임위원회에 두는 분과위원회의 종류와 그 분장사무는 상임위원회가 대통령의 승인을 얻어 이를 정한다.

제7조(運營細則) 이 령슈에 규정된 이외에 비상대책위원회의 운영 기타 필요한 사항은 비상대책위원회가 이를 정한다.

부칙附則(施行日) 이 령슈은 공포한 날로부터 시행한다.

국보위는 전문 7조와 시행 일을 명시한 부칙 한 줄이 전부인 대통령령만으로 간판을 내걸었다. 광주민주화항쟁을 진압한 직후인 5월 31일에 정식 발족한 국보위는 명시된 대로 대통령을 의장으로 하는 대책위원회와 전두환 장군을 위원장으로 하는 상임위원회를 골조로 하여 구성되었다.

발족 당일에 발표된 비상대책위원회 위원은 당연직 15명, 임명직 7명 등 모두 22명이었다.

당연직 위원은 국무총리(서리) 박충훈, 부총리겸 경제기획원장관 김원기, 외무장관 박동진, 내무장관 김종환, 법무장관 오택근, 국방장관 주영복, 문교장관 이규호, 문광장관 이광균, 중앙정보부장(서리) 전두환(→ 유학성), 계엄사령관 이희성(육군대장), 합참의장 유병현, 육군참모총장 이희성, 해군참모총장 김종건, 공군참모총장 윤자중, 국군보안사령관 전두환(→ 노태우) 등이며, 임명직 위원은 육군대장 백석주, 육군중장 진종채, 유학성, 윤성민, 황영시, 차규헌, 해군중장 김종호, 육군소장 노태우, 정호용 등이다.

국보위 발족 당시 의장은 최규하 대통령이었으나 8월 16일 대통령직을 사임함에 따라 박충훈 대통령 권한 대행이 잠시 의장직을 맡았다가 8월 27일 전두환 상임위원장이 제11대 대통령에 당선됨에 따라 의장직을 담당했다.

국보위가 발족하던 5월 31일 삼청동 청사에서 거행된 현판식에는 박충훈 국무총리(서리), 오자복 국방장관, 전두환 국보위상임위원장이 현장에 나와 카메라를 받았다. 전두환 위원장이 정권의 실세로 등장했음을 대외에 알리는 최초의 보도사진이었다. 이날 전위원장은 군복이 아닌 신사복 차림이었다.

국보위의 실질적 업무수행을 심의, 조정하기 위해 상임위원회를 두었으며 전두환 상임위원장을 비롯해 30인 이내의 위원으로 구성됐다. 또한 상임위원회는 사무를 분장, 처리하기 위해 상임위원회 안에 13개 분과위원회를 설치하고, 위원장 밑에 위원, 전문위원 등을 뒀다. 정부는 6월 5일 국가보위비상대책위 상임위원 30명의 명단을 발표했다. 위원장에는 전두환 사령관이 임명됐으며, 상임위원 30명 중 군장성이 18명을 차지했다. 명단은 아래와 같다.

국보위 상임위원회(위원장 전두환)
당연직

사무처장 : 정관용鄭寬溶 (전 중앙공무원교육원 부원장)
운영위원장 : 이기백李基百 (당시 육군소장)
법사위원장 : 김영균金永均 (전 중앙정보부 관리관)
외무위원장 : 노재원盧載源 (전 외무부공사)
내무위원장 : 이광노李光魯 (당시 육군중장)
경과위원장 : 김재익金在益 (전 청와대비서관)
재무위원장 : 심용선 (당시 육군소장)
문공위원장 : 오자복吳滋福 (당시 육군소장)
농수산위원장 : 박종문 (전 농림부 농산차관보)
보사위원장 : 조영길趙英吉 (당시 해군준장)
교체위원장 : 이우재李祐在 (당시 육군준장)
건설위원장 : 이규효李圭孝 (전 건설부 기획관리실장)
정화위원장 : 이춘구李春九 (전임 김만기金滿基)

임명직

육군중장 : 차규헌車圭憲, 노태우盧泰愚, 정호용鄭鎬溶, 신현수申鉉銖,

강영식姜榮植, 박노영朴魯榮, 김윤호金潤鎬, 권영각

　해군중장 : 정원민鄭元民

　공군중장 : 김상태金相台

　육군소장 : 김홍한

　공군소장 : 김인기金仁基

　대통령비서실 : 안치순安致錞, 민해원閔海源

이중 10·27법난 관련 업무를 담당했을 것으로 추측되는 이들은 사회정화 위원들이다. 이들 위원은 아래와 같다.

사회정화위원회(위원장 김만기金滿基 → 이춘구李春九)

　위원 : 강상진姜相珍, 허삼수許三守, 서완수徐完秀, 정경식鄭京植, 강두현姜斗鉉, 김헌무金憲武, 임두량任斗凉

　전문위원 : 서철수徐哲洙, 조효남趙孝男, 이충길李忠吉, 장병량, 김종일金鍾一

국보위가 간판을 단 후 착수한 일은 사회정화였다. 전두환 장군은 먼저 정치적 숙적이 될지도 모르는 3金의 싹을 자른 후 공무원 숙정에 들어갔다. 6월 4일 착수해 7월 31일까지 2개월에 걸쳐 진행한 이 정화작업에서 추방된 공직자는 입법부 11명, 사법부 61명, 행정부 5천4백18명 등 총 5천4백90명에 달했다. 사회정화는 정부 산하 기관까지 파급돼 3천1백11명이 숙정됐다. 특히 고급공무원의 정화가 당시 국민들로부터 눈길을 끌었는데 그 대상에는 장관 1명, 차관급 37명이 포함되었고, 1급 공무원 35명, 2급 공무원 1백70명이 높은 의자에서 내려와야 했다.

국보위는 이어 사회악 일소(폭력사범, 공갈사범, 사기사범, 사회풍토 문란사범 등 정화)에 나섰다. 전국 검거 인원은 무려 4만6천1백17명이었으며 사안의 경중에 따라 구속기소, 순화교육, 훈계방면 등으로 처리됐다. 이때 순화교육이라는 이름 아래 도입된 것이 바로 삼청교육대였다.

국보위 사업에서 또 하나 인상적인 일은 교육혁신에 대한 일련의 조치였다. 과외공부 금지, 대학입시제도 개선, 교육과정 축소 조정, 대학졸업정원제 실시, 전일제수업의 실시, 대학입학 인원의 확대, 방송통신대학 확충, 교육방송 실시, 교육대학 수업연한 연장, 학력평가 관리기구의 설치·운영 등이 바로 국보위의 교육혁신 조치였다. 또한 의료보험, 의료보호 혜택을 대폭 확대했으며, 언론계 통·폐합도 실시했다.

국보위가 한창 사회정화의 기치를 높이 올리고 있을 때 최규하 대통령이 사임을 발표했다. 8월 16일 최대통령은 "민주국가의 평화적인 정권이양에 있어서 국정의 최고 책임자가 국익 우선의 국가적인 견지에서 임기 전에라도 스스로의 판단과 결심으로 합법적인 절차에 따라 정부를 승계권자에게 이양하는 것도 확실히 정치 발전의 하나라고 생각한다"고 밝혔다.

며칠 후 전군지휘관 회의에서 전두환 장군을 대통령으로 추대할 것을 만장일치로 결의했다. 8월 27일 통일주체국민회의에서 보궐 선거를 통해 새 대통령에 전두환이 선출됐다. 투표결과는 총투표자 2천2백25명 중 2천2백24명의 찬성이었다. 무효 1표를 제외하면 100% 지지율을 보인 것이다.

1980년 9월 1일 전두환 제11대 대통령은 취임성명을 통해 "앞으로 나 자신과 내 주변의 부정과 부패를 스스로 용납치 않을 것이며, 모든 공직자의 부정부패도 계속 척결해 나감으로써 국민의 불신 소지를 가능한 한 조속히 없애는 데 주력하겠다"며 "새 시대에는 대단한 열의와 정의감을 가지고 출발한 사회 개혁 주도세력이 시간이 흐름에 따라 사명감을 상실해 국민으로부터 불신을 받는 일이 있어서는 안될 것"이라고 말했다.

1980년 8월 20일 경향신문에는 국민시인으로 칭송받던 조병화 시인의 '새 대통령 당선을 축하하며'라는 축시가 실렸다.

> 온 국민과 더불어 경축하는 이 새 출발/ 국운이여! 영원하여라 청렴결백한 통치자/ 참신과감한 통치자 이념투철한 통치자/ 정의부동한 통치자 인품온화한 통치자/ 애국애족 사랑의 통치자……이 새로운 영토/ 오, 통치자여! 그 힘 막강하여라 아, 이 새로운 영토/ 이 출발 신념이여, 부동불굴하여라.

조병화 시인의 말대로라면 전두환 대통령은 온 국민의 경축을 받으며 새 출발을 하고 있었다. 박정희에서 전두환으로 세력이 교체됐음을 알리는 시점에 김충우 대령은 마산에서 서울로 올라왔다. 계엄 상황에서 합수단장이라는 주요직책을 맡은 것은 김대령 자신에게는 영예로운 일이 아닐 수 없었다. 1980년 8월 29일 서울에 올라온 후 김대령이 한 일은 전임 합동수사단장인 이학봉 씨에게 업무 인계를 받은 일이었다. 업무 인계사항 중에는 '작전 45계획'이 있었는데, 이는 불교계 정화에 대한 내용들이었다. 이학봉 씨는 전두환 대통령을 따라 청와대로 들어가 민정수석직을 맡게 됐고, 이에 따라 남은 업무는 김씨의 소임이 됐다.

불교계 정화 계획은 1980년 2월 29일 계엄위원회 회의에서 계엄사 기획관리실장 김을권 준장이 "불교계에 불순분자가 은신할 가능성이 있고 이로 인해 신도들이 영향을 받을 가능성이 있으므로 분규에 따른 재산처분 등을 방지하기 위한 대책이 강구되어야 한다"고 주장함에 따라 세워졌다. 계엄위원회는 3월 7일 회의를 갖고 기독교 및 여타 종교의 정화와 선도 대책을 논의했던 것으로 알려지고 있다.

수사지시가 내려진 것은 1980년 6월이었다. 이학봉 전임단장으로부터 1980년 9월 1일 업무를 인계 받은 김대령은 상부로부터 계속 불교계 수사를 지시 받았다. 김대령은 합수단장에 임명된 후 한 달 동안 불교계 정화 작업을 준비했다.

김대령이 합수단장에 임명됐을 때 합수본부 아래에는 합수단, 총무처, 정보처, 안전처 등 부서가 있었고, 합수단 하부조직에는 조정통제국, 수사1국(보안, 국장 김판길), 수사2국(헌병, 국장 조진환), 수사3국(경찰, 국장 김영국), 수사5국 등 실무 부서가 있었다. 불교계 정화와 관련 주요업무를 담당한 것은 합수단 산하 정보처와 국보위 산하 정화위원회(위원장 이춘구)였다. 법난 당시 정화위원회의 총책임자는 이춘구 위원장이다. 이위원장은 김만기 위원장이 1980년 7월 29일 사표를 쓰고 자리를 물러남에 따라 정화위원장의 임무를 맡게 됐다.

불교계 정화 업무 담당과 관련 의견이 분분하다. 하지만 한영수 문공부 종무담당관이 뇌물수수 혐의로 구금되어 고문을 당하고 끝내 무고하게 실형을 언도 받은 것을 봤을 때 문공부의 역할은 미미했던 것으로 판단되고 있다. 당시 관계자들은 사회정화위원들의 역할이 컸다고 증언하고 있다. 특히 허삼수 씨가 10·27법난의 설계도를 작성했고, 정화위원회 소속 부조리반장이었던 서철수 중령이 법난 입안에 중책을 맡았던 것으로 회자되고 있다. 정보처 관계자들은 "정화위원회에서 제일 중요한 역할을 담당한 게 부조리 반장이었으며 그 임무를 수행한 게 서철수 중령이었다"며 "서씨는 헌병중령이어서 업무능력이 뛰어났으며 불자여서 불교 내부에 대한 사항도 잘 알고 있었다"고 회고했다. 하지만 정경식, 서완수 등 사회정화위원들은 "전혀 아는 바가 없다"고 발뺌을 하고 있고, 부조리반장이었던 서씨는 이미 고인이 되어서 사실을 확인할 수 없게 됐다.

합수단장 자리에 오른 후 김대령은 한 달 동안 만해 한용운 스님의 『조선불교유신론』 등 불교서적을 읽는가 하면 조계종 원로스님들을 찾아뵈며 불교계 여론을 수렴했다. 불교계는 그간 몇 년간 '조계사-개운사파'가 대립하며 심하게 다투고 있었고, 그 과정 속에서 법적 공방과 폭력배 동원도 진행됐다. 김대령이 바라보는 불교계의 비리는 뿌리 깊었다. 심지어 김대심 씨는 종교의 최고 수장을 감금하고 폭행하기도 했다. 김대령이 보기에 불교계는 봉와직염 걸린 발 같았을 것이다. 곪을 대로 곪았는데 뿌리는 뽑지 않고 거즈만 덮어놓은 것처럼. 김대령의 눈에는 스님들이 하나같이 염불에는 관심이 없고 잿밥에 눈 먼 탱추 같았다. 김대령은 스님들이 '스님의 도'를 지키지 못한다면 새 역사를 창조하는 군인들이 중재해야 옳다고 생각했다. 그게 '군인의 길'이라고 생각했을 것이다. 김대령은 군인의 길 제7조항인 '우리는 국민의 자제로서 국민을 위하여 자유민의 전우로서 자유민을 위하는 참된 역군이 된다'는 말을 상기했을 것이다. 만해 스님의 글에도 '불교정화'는 시대적 과업으로 기록돼 있었다. 김대령은 45계획을 실현할 실무대책반을 구성했다. 실무대책반이 구성된 것은 10·27법난이 일어나기 며칠 전이었다. 실무대책반에 제일 먼저 포섭된 것은 보안사 기획조정처에서 근무하던 양근하 소령이었다. 양소령은 법난이 일어나기 5일 전인 22일 합수단에서 통보를 받앉던 것으로 기억했다. 합수단에 가서 양소령이 제일 먼저 한 일은 수사관들을 교육시킨 것이었다. 양소령은 수사관들을 모아 1차 교육을 실시한 후 도저히 혼자의 힘으로 안 되겠다 싶어 평소 친분관계를 유지하던 대학생불교연합회 선배인 전창렬(당시 육군법무관실 송무과장) 중령을 끌어들였다. 전창렬 중령이 가세함에 따라 실무지원대책반이 꾸려졌다. 양소령은 "이미 10·27법난 계획(작전 45계획)이 국보위로부터 떨어졌음에도 불구하고 당시 합수단은 불교계 정화에 대한 맥락을 짚지 못하고 있었다"고 주장했다. 양소령은 내심 정화를 하려면 모든 종교를 다해야지 불교만 하는가, 하는 불만을 가졌다고 한다. 하지만 불교계에서만 투서가 쇄도해 정화를 하지 않을 수 없다는 게 합수단의 입장이었다.

실무대책반에는 권오성(당시 27사단 군종 참모), 최명준(당시 군수사령부 법사), 이봉춘(당시 육군 제3사관학교 법사), 송병욱(해군본부 법사) 법사들이 참여했다. 실무대책반은 1980년 10월 28일부터 1981년 1월 15일까지 운영됐다. 그들이 맡은 업무는 자율정화계획서를 작성한 것이었다. 당시 실무대책반의 업무는 1989년 국방부가 발표한 '불교수사경위'에 잘 드러나 있다.

실무대책반에서는 불교계가 자율적으로 정화를 추진해야 한다는 방침 하에 자율정화계획서를 작성해 수습업무를 추진했다.

실무대책반 주요 역할은 불교계 수사에 따른 교계여론을 광범위하게 수집, 수사당국에 전달하였고 승려검거 확대의 중지와 법랍 및 연령을 고려한 원로중진승려 및 불사 유공자의 조속석방 그리고 승려 사생활에 대한 보도통제, 승려처벌의 완화조치 등이었다.

종단 내 비상대책 기구의 필연성이 대두되어 중앙종회를 1980년 11월 3일 개최, 종헌을 개정해 불교정화중흥회의를 발족토록하고 중앙종회는 해산시켰다.

합수단에서 종단정화위원회로 이첩된 징계처리대상자 심의에 참여 및 징계대상 승려들에 대한 자체순화교육을 건의해 경기도 남양주군 소재 흥국사에 집단으로 참선을 실시토록 하였고 전국신도회 등 신행단체도 자율적으로 정비토록 유도했다.

대한불교(주간지)가 간행물 일체정리로 폐간되자 제호를 〈불교신문〉으로 변경 창간토록 주선하여 종단에 귀속 조치하였으며 실추된 불교의 명예회복을 위해 문공부의 보도관련 요원 등으로 홍보대책위원회를 구성했다.

불교문화 등을 중점 홍보토록 건의했으며 각 언론사 사주를 방문해 불교 홍보협조 요청을 당부했으며 각 신문사 문화부기자를 초청, 간담회를 개최했다.

원로중진대표 스님의 대통령 면담을 주선해 13차 세계불교도대회 참가 지원을 비롯 종전에 불교진흥원에서 조계종단에 지원금을 중단한 것을 지원 재개토록 하는 조치 등 신종단 출범에 따른 지원역할을 수행했다.

실무대책반은 독자적으로 종헌, 종협의 개정안, 전통수행사찰의 보호와 사찰행정의 불편을 해소할 내용의 불교관계법 개정안을 연구했다. 실무대책반은 또한 △득도 교육제도 개선 △승려 양로원 설치 등

승려복지 제도 △사찰 재정의 합리화 방안 △불교 국제교류기구의 합리적 조정 방안 △불교방송국 설치 등 포교의 현대화 방안 △종무행정담당자에 대한 실무교육 방안 등을 연구해 종단 내 기획연구위원회와 공동으로 공청회를 개최하는 등 연구활동을 전개했다.

실무대책반의 조사자 명단 작성에 참여했는지는 확인되지 않고 있다. 다만, 전창렬 변호사, 양근하 씨 등 당시 실무대책반 관계자들이 수사관계에는 일절 참여하지 않았다고 주장하고 있고, 1989년 국방부가 발표한 '불교수사경위'나 불교정화기획자문위원회가 발표한 '불교계 정화 중흥 추진 결과보고(1980년 10월24일~1981년 1월10일)'에도 수사방침에 대해서는 언급된 바가 없어 그 역할이 미미했을 것으로 추측되고 있다. 또한, 실무대책반이 10·27법난 직전 급조된 것을 봤을 때도 시간상 실무대책반원들이 수사계획에는 큰 역할을 하지 못했을 것으로 보인다. 수사계획 참여 여부와 상관없이 그들은 10·27법난 수사에 일조했다는 이유만으로 불교계 원흉이 되었다. 1980년 겨울, 밤을 세워가며 서류를 작성하고 검토할 때만해도 그들은 나중 불교계의 원한의 대상이 될 것이라고 꿈에도 생각하지 못했을 것이다. 10·27법난이 일어나고 이틀 후 양소령은 조계사에 방문했다가 최재구 전국신도회장에게 멱살이 잡히는 낭패를 겪어야 했다.

이와 관련 전창렬 변호사는 "새로운 종단이 출범함에 있어서 불교계를 정화하려 하니 도와달라고 해서 일을 시작하게 됐다"며 "합수단이 수사 자문이나 법률적 자문을 구했다면 나름대로 불교계에 이롭게 도울 수 있었을 텐데 일절 자문도 없었고 관여도 못하게 했다"고 회고했다.

양소령은 "불교발전을 위해 불교계와 정부의 교량 역할을 하려고 시작한 일이 나중에는 불교계 명예를 손상시켜 죄송하다"며 "합수단의 무리한 수사진행을 보면서 불교계 탄압을 저지해줄 것을 강력히 항의했지만 역부족이었다"고 덧붙였다.

한편 양근하 소령은 부친이 태고종 승려여서 개인적인 원한에 따른 참여가 아니냐는 의혹도 제기되고 있다. 이는 양소령이 MBC <이제는 말할 수 있다> 담당PD와의 인터뷰에서 역사적으로 불교계 비리가 시작된 것은 조계종-태고종 분규에서부터라고 설명한 것을 보면 잘 알 수 있다.

비록 준비기간은 짧았지만 이에 여의치 않고 김충우 단장은 계획대로 불교계 정화에 착수했다.

이미 불교정화는 1980년 2월 29일 10시에 열린 계엄위원회의 제17차회의에서 입안이 이뤄졌다. 회의에서는 종단분규가 주요 내용으로 다뤄졌다. 이날 문공부 차관은 종단분규 사태의 경과를 보고하면서 "당국은 직접 개입하는 것보다는 수습분위기가 성숙되도록 측면에서 지원하고 결정적인 시기에 거중 조정활동을 전개해 분규를 타결해야 한다"고 주장했다. 이에 대해 기획관리실장은 "오늘 회의 목적은 종계의 분규가 안보적 차원에서 국가에 미치는 영향을 분석하는 것"이라며 "불교계에 불순분자가 은신할 가능성이 다분해 이들로 인해 신도들까지 악영향을 받을 가능성이 크다는 점, 승려들에 대한 신분파악이 힘들다는 사실을 감안해 부역자 등에 대한 감시대책을 강구해야 한다는 점, 사찰의 위치상 대남침투간첩 등이 이용할 가능성이 크다는 점을 지적할 수 있다"고 말했다.

입안 당시는 종단분규가 아직 종식되지 않은 상태였다. 하지만 4월 17일 선거를 통해 월주 스님이 총무원장에 당선됨에 따라 불교분규는 수습됐다. 하지만 국보위는 여전히 입장을 바꾸지 않고 6월 수사지시를 하달했고, 국보위 합수단은 상부지침에 복종해야 한다는 사명감으로 불교정화를 예정대로 단행했다.

한국에 불교가 전래된 이래 유례없는 훼불사건인 10·27법난의 시작은 1980년 10월 27일 조계종총무원장 월주 스님 등 불교계 주요 인사가 연행되면서 시작됐다. 스님들에 대한 연행은 날마다 줄을 이었다. 이때 연행된 1백53명 중에는 조계종 종정 서옹 스님을 비롯해 조계종총무원장 월주 스님, 불국사 주지 월산 스님, 동화사 주지 서운 스님, 직지사 주지 녹원 스님, 은해사 주지 의현 스님, 조계사 주지 혜법 스님, 고운사 주지 도우 스님, 법주사 주지 이두 스님, 도선사 주지 혜성 스님, 전등사 주지 월탄 스님, 낙산사 주지 원철 스님, 대각사 주지 경우 스님, 조계종총무원 감찰부장 법달 스님 등 불교계를 대표하는 스님들이 다수 포함돼 있었다.

1980년 12월 군경합동수사본부가 대한불교조계종정화중흥회의(의장 박기종)에 통보한 공고문에 따르면 10·27법난 당시 수사를 받은 승려와 신도는 △형사입건 17명 △정화위 회부 32명 △ 훈방 1백4명 등으로 처리된 것으로 집계됐다. 이중 자율정화결과는 △형사입건 17명 △체탈도첩 13명 △제적 10명 △공권정지 5년 6명 △공권정지 3년 1명 △공권정지 2년 2명 △공권정지 1년 4명 △공권정지 6개월 △문서견책 2명 등이었던 것으로 명기돼 있다. 또한, 1981년 불교정화기획자문위원회가 발표한 '불교계정화 중흥추진 결과보고'에 따르면 △삼청교육대 송치 3명 △집단수용관리 23명(흥국사 자율 순화교육대) 등으로 사후관리한 것으로 드러났다.

계엄당국의 조치에 따라 신흥사 주지 원광 스님, 대흥사 주지 지우 스님, 증심사 주지 현광 스님, 보문사 주지 정수 스님, 도선사 주지 혜성 스님, 법주사 교무 해운 스님, 고운사 현광 스님, 월정사 총무 현우 스님, 상원사 주지 삼보 스님, 적조암 자순 스님, 천왕사 주지 성해 스님, 조계사 윤월 스님, 다운 스님 등 13명은 승복을 벗어야 했다.

불교계 주요지도자 스님들을 연행한 후 계엄당국은 1980년 10월

30일 3천여 개 전국사찰에 대해 실시했다. 1989년 1월 국방부 발표에 따르면 10월 30일 전국사찰에 대한 수색은 1980년 8월 4일 국보위의 불량배 소탕계획의 연장선상에 벌어진 것으로 계엄포고 제13호에 의거해 국민의 생명과 재산을 위협하고 공공의 안녕과 질서를 위태롭게 하는 고질적인 각종 불량배를 일제히 검거, 소탕하기 조치였다. 그 근거로 1980년 2월 검거된 간첩의 진술과 1980년 3월 7일 대간첩 대책본부에 입수된 정보를 들었다. 정보에 따르면 북한은 간첩을 승려로 위장 침투시켜 사찰의 주지 및 간부급 승려를 포섭해 종단분규를 조장하고 정치 사회적 혼란을 가중시켜 사찰의 혁명거점화를 기도하고 있다는 것이다. 때문에 간첩 및 법범자 색출을 위해 전국사찰과 기도원에 대한 일제 수색 계획이 불가피했다는 게 국방부의 해명이었다.

계엄당국의 논리를 간단히 말하면, 간첩들이 전국 사찰에 숨어 있어 사찰을 수색할 수밖에 없었다는 것이다. 계엄당국은 분단이래 꾸준히 정권에서 충격요법으로 사용한 '레드컴플렉스Red Complex'를 이용해 헌정사상 유례없는 초유의 훼불 사태를 저질렀다. 전국사찰 수색의 이면에는 광주민주화항쟁이 벌어진 이유를 북의 사주로 돌리려했던 신군부의 획책 의도가 숨어 있다.

1989면 1월 10·27법난 설명회에서 국방부는 전국사찰 수색에서 발생한 문제점들을 시인했다. 국방부는 "수색과정에서 일부지역에서는 군경 혼합편성에 따른 지휘체제상의 문제점과 상급 부서의 기본 지침에 대한 이해부족 그리고 종단의 관습과 예법을 숙지하지 못한 일부 차출된 인원들의 무례한 행동사례가 발생했다"며 "이러한 일들을 사전에 충분히 예견하여 철저한 교육과 준비를 하지 못한 데 대한 책임을 통감한다"고 밝혔다.

실제로 전국사찰 수색의 여파는 매우 컸다. 당시 사찰수색에 나선 군경들의 스님들에 대한 폭행행위는 다반사로 이뤄져서 불교계의 반발은 극에 달했다.

이에 김충우 단장은 종단 및 신행단체들로부터 많은 비판과 해명요구가 있어 1980년 11월 5일 조계종총무원을 방문해 사과를 표명했다.

한편 1980년 10월 30일 벌어진 전국사찰수색의 명령권자에 대한 의견도 이견이 분분하다. 당시 계엄사령관이었던 이희성 씨는 "전국사찰수색은 국보위가 주도했다"고 말하고 있다. 계엄령이 선포된 정황을 고려했을 때 군경 3만여 명을 동원할 수 있는 권한은 이희성 계엄사령관에게 있었다. 하지만 이희성 계엄사령관은 국보위에게 책임을 떠넘기고 있다. 이희성 씨는 "전국사찰수색은 국보위가 주도한 것이기 때문에 아는 바가 없다"며 "국보위의 지시 아래 각 지역 계엄사무소가 실시한 것으로 보인다"고 말했다.

1989년 국방부 발표에서 밝혔듯이 전국사찰 일제 수색은 10월 27일 불교계수사가 착수된 바로 3일 후인 10월 30일에 수색시기를 선택했다는 점에서 불교계에 대한 탄압 오해의 소지를 가중시켰다. 이와 관련 국방부는 "이는 전적으로 그 책임이 당국에 있음을 시인하고 다시 한번 유감의 뜻을 표한다"며 "한가지 더 말씀드린다면 사회정화 차원에서 개신교의 난립된 1백여 개의 신학교를 일제히 정비한 사실도 있었음을 참고적으로 밝힌다"고 발표했다.

 특히 불교계 탄압이라는 인식은 이미 전국사찰 수색 직후부터 예감된 것이었다. 이는 10·27법난 직후 합수단이 종단에 넘겨준 '불교계 정화 중흥 추진 결과보고'에도 수사상의 문제점으로 △종교문제 수사의 위험성 내포 △전국 사암 일제 수색시의 물의 야기 △특정 종교 및 종단에 대한 탄압 인상 △치밀한 사전계획 및 사후 대책의 결여 △일시적 혼란과 유언비어의 난무 △종단 분규의 진상 파악 미흡 △신도의 사기저하 및 일반국민의 대불교 인식에 악영향 등을 꼽고 있다는 점에서 잘 드러난다. 또한 불교계는 1989년 국방부의 발표에 대해서도 의혹을 제기하고 있다. 그 의혹은 발표대로 정말 전국사찰 수색과 함께 기도원에 대한 수색도 진행됐는가 하는 것이다. 당시 법주사 등 충북 보은 지역 사찰수색 업무를 담당한 부대 인사 장교 박맹수(현 원광대 한국사 교수) 씨는 "기도원이나 교회나 성당 등 기독교계 시설을 수색하라는 명령이 내려진 적이 없었고 때문에 수색한 사실도 없었다"고 말했다.

　계엄당국은 1980년 10월 30일 전국사찰을 군홧발로 짓밟은 데 이어 삼보 스님 등 3명을 삼청교육대에 보내고, 형사처리를 면한 23명의 스님들을 경기도 남양주군 흥국사에서 강제 참선하도록 지시했다. 23명의 흥국사 참선은 전창렬 법무관의 작품이었다. 1989년 국방부 설명회장에서 전창렬 씨는 "당시 사회적 분위기로 보아 10 · 27 관련 스님들이 삼청교육을 받을 가능성이 많았다. 그래서 차라리 흥국사에서 참선 수련하는 것이 스님들에겐 삼청교육 받는 것이나 다름없다고 합수단에 건의했다"고 증언했다.
　당시 흥국사 참선에 참여했던 지선 스님(당시 제주 관음사 주지)의 일기를 보면 흥국사에서는 어떤 일이 벌어졌는지 알 수 있다. 일기에는 스님이 흥국사 참선에 끌려간 경위가 잘 드러나 있다. 지선 스님이 흥국사 참선에 끌려간 이유는 정화위원 위촉과 '불교정화중흥회의'의 분담금 납부를 거부했기 때문이다. 흥국사에서 참선을 강요받은 스님들은 참선과 운력 등으로 시간을 보냈고, 총무원과 군 당국에서 사람들이 오갔던 것으로 기록돼 있다. 1980년 12월 2일 시작된 흥국사 강제 참선은 1981년 1월 20일 조계종 종정 및 총무원장 취임을 기해 끝이 났다.

45계획이라는 이름 아래 진행된 10·27법난은 불교계뿐만 전 국민들에게 적지 않은 상처를 남겼다. 불교신자들은 무명의 삶에서 나침반 역할을 하는 스님들이 고초를 겪었다는 점에서 치유될 수 없는 크나 큰 상처를 입었으며, 국민들은 마지막 보루인 종교마저도 가차없이 탄압하는 전두환 정권의 파시즘에 경악했다. 사회정화라는 명목 아래 삼청교육대에 이어 단행된 10·27법난은 전국을 공포에 휩싸이게 했다. 김충우 단장이 10·27법난을 지휘하면서 조금이나마 양심의 가책을 느꼈는지는 알 수 없다. 어쩌면 당시 군 관계자의 증언처럼 출세의 발판으로 삼으려고 갖은 노력을 다했는지도 모르겠다. 김충우 단장은 필자와의 인터뷰에서 "10·27법난의 가장 큰 원인은 불교계의 비리"라고 말한 바 있다. 그는 불교계 비리가 뿌리 깊다는 증거로 10·27법난 이후에도 줄곧 이어져온 종단분규의 사례를 들었다. 전국의 계엄상황에서 합수단장을 역임한 것을 개인적인 영예로 생각한다는 김충우 대령. 그는 어쩔 수 없는 군인이었다. 군인은 명령에 충실해야 한다. 그게 군인의 길인 것만은 틀림없는 사실이다. 하지만 그가 지킨 '군인의 길'이 '국토를 지키고 조국의 자유와 독립을 위하여 값있고 영광되게 몸과 마음을 바친다'는 조항과 '국민의 자제로서 국민을 위하여 자유민의 전우로서 자유민을 위하는 참된 역군이 된다'는 조항에 충실했는지는 의구심이 든다. 그는 조국의 자유를 강탈하는데 일조했고, 그 조국에 사는 자유민의 종교를 탄압하는데 앞장섰다. 다행인 것은 그가 불교신자가 아니라는 점이다. 불교에서는 수행자를 탄압한 자는 죽어서 무간지옥無間地獄에 빠진다고 했는데 그에게는 그럴 걱정이 없어도 될 테니까. 어쨌든 10·27법난의 종결과 함께 국보위의 사회정화는 막을 내렸다. 우연의 일치인지 필연인지(불교에서는 연기법에 따라 필연은 연속된 우연의 결과라고 본다.) 국보위의 간판이 내려진 것은 공교롭게도 10월 27일이었다.

국보위설치령 중 개정령은 1980년 9월 29일 관보로 공포되었다. 그리고, 국가보위입법회의법이 10·27법난이 시작된 이튿날인 10월 28일 관보 제8677호에 게재 공포되었다. 이 국가보위입법회의는 그

```
                              735-5861
대불총총 제 23 호                       1989. 1. 25.
수신   교구본사 주지
제목   10·27 법난 해명에 관한일

    1. 지난 1989. 1. 21 자 초대 말씀에 관련된 일입니다.
    2. 오는 1989. 1. 30 오전 10 시 육군 회관에서 정부당국
으로부터 1980. 10. 27 에 있었던 법난에 대한 해명이 있아오
니 귀 교구내 당시의 피해 당사자에게 연락 하시와 1989. 1. 30 오전
9 시 까지 총무원 청사 4 층 회의실에 무루 참석토록 하여 주시고,
동 명단을 본원에 보고하여 주시기 바라며,
    3. 이미 통보한 1989. 1. 27 오전 11 시 피해 당사자의
고견을 피력 하는 모임에도 기필 참석하여 주시기 바랍니다. 끝.
```

10·27 법난 설명회에 앞서 조계종총무원이 교구본사 주지에게 협조를 부탁한 공문.

공포문에서 밝힌 바와 같이 구舊 입법의회 즉, 대통령령상의 입법회의가 의결하여 제정한 것이다. 입법의회가 입법의회법에 의하여 만들어진 것이 아니라 구舊 입법회의가 입법회의법을 만들고, 이 법률에 의하여 구舊 입법의회를 소급적으로 합법화하여 새 입법회의에 연결시킨 것임을 쉽게 알 수 있다. 물론 이는 위법이다. 국가보위입법회의법의 공포는 신군부 정권의 합법화를 알리는 것이기도 했다.

전두환이 권력을 공고히 하는 중요한 정치일정의 한가운데 불교계 전면수사 일정이 겹쳐 있다는 사실은 무엇을 의미하는 것일까? 이는 전국사찰이 짓밟힐 때 청와대에서 샴페인을 터뜨렸을 전두환 대통령만이 알고 있을 것이다. 이후 전두환 대통령의 독재를 향한 행보는 계속된다. 1980년 10월 27일 제 8차 개헌을 통해 선거인단에 의한 대통령 간선제 및 7년 단임제를 규정했다. 11월 28일 민주정의당이 창당됐고, 이듬해 1월 28일 전대통령은 미국 방문의 길에 올랐다. 2월 25일 새 헌법에 따른 대통령 간접 선거를 실시해 전체 선거인의 90.2% 득표율로 전두환 후보가 당선됐다. 3월 3일 전두환 제12대 대통령 취임식이 개최됐다. 이날 전두환 대통령은 "장구한 세월에 걸친 시련과 고뇌의 시대를 넘어서서 이제야말로 제 5공화국의 출범으로 자기완성시대를 형성하여야 할 성장과 성숙의 시대에 들어서는 찰나에 있다"며 제5공화국의 출범을 알렸다.

10·27 법난 진상규명 추진위원회의 기자회견(1988.11.22, 서린호텔).

1989년 1월 31일 10·27 법난 설명회장에서 김충우 단장의 심정은 어땠을까? 따지고 보면 10·27법난 설명회는 5공화국 비리청산의 일환으로 성사된 것이다. 1988년 노태우 정권이 출범했고, 국회의원 총선거가 실시됐다. 그 결과 집권당이 민정당에 완패함으로써 여소야대與小野大의 형국이 되어 버렸다. 야당의 세력이 커짐에 따라 5공청산은 시대적 과제로 떠올랐고, 그 결실로 1988년 국회에서 청문회가 열렸다. 당시 청문회에서는 10·27법난 사건도 주요 안건으로 상정될 예정이었으나 불교계 의견이 양분됨에 따라 강영훈 국무총리의 사과담화문 발표로 대신했던 것이다. 하지만 이것으로는 어딘가 미온적인 것 같아 정부는 국무총리의 사과담화문 발표 후 한 달 후인 1989년 1월 31일 설명회를 개최했다.

이날 설명회장에는 임헌표 국방부 차관을 비롯해 강용식 문공부 차관, 10·27법난 당시 계엄사령부 합동수사단장 겸 보안사령부 대공처장 김충우 단장, 군법무관 전충령(당시 국방부법무관리관·준장) 중령,

국방부 육군회관에서 열린 10·27법난 설명회(1990.1.30). 법난의 문제는 국회 5공특위에서도 논란이 되었으나, 현재까지 이에 대한 개요, 진행, 본질 등에 대해서는 오리무중이다.

보안사대공처 양근하(당시 보안사 중령) 소령, 문공부 종무국장 한기복(당시 체육부 기획관리실장) 씨 등이 참석했다.

신군부 정권을 전두환 장군은 청문회장에서 고초를 치르고 있고, 전 장군을 도와 12·12사태를 일으킨 주역인 노태우 장군은 대통령 자리에 앉아 있는 현실에서 김충우 대령은 무슨 생각을 했을까? 어쩌면 권력의 무상함에 쓸쓸함을 느끼고, 육근六根에 의한 모든 욕망을 거부하는 스님들의 도道에 대해 한 번쯤 생각해봤을 지도 모를 일이다.

10·27법난 당시 정황을 보다 상세히 이해하기 위해 주간불교신문 1989년 2월 10일자에 실린 '정부「10·27불교계 수사경위 설명회」 질의응답 요지' 기사를 게재한다. 기사는 아래와 같다.

정부 「10·27불교계 수사경위 설명회」 질의응답 요지

(정리= 위영란 기자)

▲월탄 스님(조계종 법주사 주지): 법난 당시 종회수석부의장이며 전등사 주지였다. 1980년 당시 불교는 자체적으로 개혁을 시도한 때였다. 어느 단체고 완벽히 만족된 단체는 없다. 유독 2천년동안 민족문화의 근간인 불교계에 정화라는 미명 아래 큰 충격을 주었다. 많은 종교 가운데 불교만을 탄압한 발상자와 입안자를 밝혀라. 일설에는 5공 정치자금의 조성을 위해 국고환수가 목적이었다고 하는데…….

▲김충우 전 합수단장: 앞서 경위설명에서도 언급했지만 딱 부러지게 말할 수 없다. 분명한 것은 이학봉 씨에 이어 합수단장으로 부임해 9월1일부터 집무를 시작했다. 불교계 수사는 인수인계상 미결사건으로 이미 지시가 떨어져 있었고 당시 독촉만이 계속 됐다. 5공태동시기 국보위의 기능과 실세는 8월 대통령 취임 이전 청와대로 갔고 내가 부임했을 때는 집행의 단계였다. 발상자·기안자 등 실무적인 것은 추측이나 상상으로 짚을 수 없다. 내 직속상관은 스님들이 더 잘 알고 있다. 당시 불교계 수사에 참석하신 스님들께서 무엇을 바라는지의 측면에서 느끼고 생각하고 있다. 직업군인으로서 대공업무에 20년간 종사했고 이로 인해 대공처장을 맡았다(합수단장 겸직). 나는 복종하는데 길들여진 군인의식 속에서 어떻게 명령을 효과적으로 진행

하느냐 집중했고, 마무리 작업을 늦추는 우를 범했다. 그 와중에 내가 끼어 들었으므로 스님들께서 감옥에 보내라면 감옥이 아니라 사형이라도 받겠다.

▲월탄 스님: 이학봉 씨로부터의 인수인계자료를 제출할 용의가 있나.

▲김충우: 전대통령 당선과 함께 8월 29일 전화통고를 받고 다음날 올라왔다. 사무인계는 실무적으로 대공처 업무 파악이 돼 있어 쪽지로 인수인계 받았다.

▲능혜 스님(조계종 종회의원): 1979년 불교정화가 이미 입안이 됐는데 진행 2달 전에 취임한 사람에게 도대체 뭘 듣겠다는 얘긴가.

▲월탄 스님: 10월 30일자 3국장의 전언통신문 내용에는 '국고환수'라는 목적이 시달돼 있다. 정화라는 미명 하에 재산탈취를 목적한 게 아닌가.

▲김충우: 실무적으로 집행한 것은 나지만 하도록 한 것은 직접 듣지 않은 이상 지명할 수 있다. 전언통신문은 과장이 이름을 빌어 나갈 수도 있다. 그러나 나는 재산을 목적으로 집행하지 않았다.

▲법등 스님(직지사 부주지): 법난설명회를 오늘로 잡은 것은 정부측의 계산이 아니냐. 현재 재야에서는 청문회를 서두르고 있다. 왜 스님들이 육군회관에 와야하나 감정이 좋지 않다. 당시 상황은 모든 사회가 불안했는데 어찌 불교계만 정화하고자 했나. 법난의 수사과정

방법은 직접 당한 우리들이 더 피부로 느껴 잘 알고 있다. 우리가 알고 싶은 건 지시자, 발상자, 입안자를 밝혀 진실을 규명하자는 것이다. 스님이 잘 아신다는 직속상관은 노태우 씨냐? 당시 합수단장 선에서 말할 수 없는 사항을 가지고 오늘 전국의 스님을 모은 것이냐?

▲김충우: 알고 말씀하시는 것으로 이해하고 설명한다. 당시 국보위가 합수단에 직접 지시한 것이 대부분인데 국보위 최고 책임자는 상임위원장인 전두환 전 대통령이다. 당시 사회흐름으로 정화분과위원회(위원장 김만기, 간사 허삼수)에서 건의한 것이 아닌가 생각한다.

▲지형 스님(조계종 종회의원): 입안 정책 결정한 사람이 누구냐? 도대체 무슨 이유로 불교계에 손을 댔느냐?

▲경우 스님(대각사 주지): 오늘 이 자리의 성격부터 규명하자. 피해자와 가해자가 모여 종결짓자는 것인가 아니면 집행실무자들만 모여 옛날로 다시 돌아가 기억을 되살리자는 것인가. 피해자들이 너무도 많다. 이런 사과 백 번 받아봤자 법난은 다시 되살아날 뿐이다. 5공 군사정권은 불교를 정치적으로 도구화했다. 내가 1백80억을 부정축재했다고 전국 일간지에서 대문짝만하게 보도했는데 이는 전부 절 재산이다. 이런 엄청난 명예훼손과 불교탄압에 대해 명예회복 등 명분 있는 보상이 따라야 한다. 그리고 노태우 대통령은 당시 보안사령관으로 법난과 관련이 없다. 원인은 전두환 전 대통령에게 있다. 전씨는 지금 부처님 앞에서 염불한다고 들었다. 불교가 전씨를 받아주

면 어쩌자는 말인가.

▲의현 스님(조계종 총무원장): 불교계는 법난 책임자에 대한 처벌은 원치 않고 진실이 밝혀지기를 원하고 있다. 불교가 유린당한 부분에 대해 정부가 지원해야 한다. 종교인 차원에서 본질에 입각한 법난규명이 돼야 한다.

◎ 12시 30분 정회

◎ 13시 30분~14시 10분 조계종 대표 문공부 실무자 대표회의

▲설정 스님(수덕사 주지): 수사대상자 선정의 기준을 말하라. 항간에 전창열 씨 등 군법사들이 대상자 선정에 관여했다는 말이 있는데…….

▲전창렬 당시 군법무관: 법무관 총무과장으로 재직 당시 10월 24일 양근하 소령(보안사령부 근무)이 방문해 도움을 청했다. 수사결정은 되어 있고 집행일은 비밀이었다. 역할은 정화차원의 불교계 진정서 처리였다. 나는 "이는 위험하다. 불교 자율정화에 저해되므로 불교탄압이라는 인식을 준다"는 입장을 고수했다. 특히 종교인에 대해서는 예비지식이 있어야 하며 신뢰를 얻어야 한다고 대화를 나눴다. 당시 불교계는 1977년부터 재연된 분규로 인해 정화를 인정하는 사람도 있었다. 불교신자로 피해를 최소화시키고 새롭게 할 수 있지 않을까 하는 생각으로 참여했으나 수사가 집행된 후 한 달도 못된 11월 중순 사건준비가 부족했음을 깨달았다. 만약 최소한 내게 한 달만이라도

시간이 주어졌더라면 더 잘 할 수 있었을 것이라는 후회가 된다. 법난은 출발부터 문제가 있었고 불자들의 감정을 더 악화시킨 것은 10월 30일 전국 사찰수색이었다.

27일 오후 고 영암, 석주, 지관, 광덕, 자운 스님 등 재경 원로스님 여섯 분과 당시 문공부 종무관과 함께 동국대 재단이사실에서 수사 상황을 설명하고 도움이 될 만한 대안을 달라고 요구했다. 스님들은 수사확대는 중지하고 이 선에서 끝내고 승려 사생활 보도는 중지토록 해달라며 속히 자율정화에 위임하라고 당부하면서 대안에는 묵묵부답이었다.

혼자서는 도저히 일이 안 되어 군법사의 지원을 요청했다. 권오성, 이봉춘, 최명준 법사와 30일부터 활동을 시작했고, 후에 송병욱(현역) 법사가 추가됐다.

31일에는 40명의 스님이 모여 60인 비상대책위원회(가칭)를 구성하고 21명의 상임위원회를 구성했다. 여기서 종통과 법통을 가진 중앙종회를 개최해야 한다는 결의가 이뤄졌고, 종회 정족수를 위해 경미한 사안으로 수사 받는 스님들을 조기 석방하도록 건의했다. 이에 따라 5명은 석방됐으나 그래도 수가 모자라 일부 구속된 종회의원의 사표를 받아 의결정족수를 채웠다.

그러나 분명히 불교신자로서 이 자리서 밝히는 것은 당시 찾아뵌 원로스님들이나 군법사들은 누구를 처벌하라는 등을 요구치 않았다는 사실이다.

▲법등 스님: 불교계를 손댄 것이 누구의 착안이냐. 일설에 의하면 문공부에서 정화대상 명단을 합수부에 넘겼다고도 하는데…….

▲한기복 당시 문공부 종무국장: 1977년부터 조계종분규를 수습하기 위해 전국을 쫓아다녔다. 당시 진정투서가 심해 문공부에도 투서가 많이 들어왔는데 문서보관시효인 3년을 보관한 후 소각시켜 현재는 없다. 법난이 투서와 진정에 의해 명단이 만들어졌다는 사실을 나도 오늘 알았다. 나도 조사를 받았고, 한영수 당시 종무담당관도 그로 인해 공직에서 떠나야 했다. 당시 문공부는 법난이 일어났는지도 몰랐고, 조사까지 받은 피해 당사자다.

▲김충우: 명단작성자는 고정되어 있지 않다. 장기간에 걸쳐 각 기관에 접수된 투서들을 합수단이 종합했다. 명단을 종합해 시행하고 집행했다.

▲설정 스님: 스님들의 무차별 폭행은 치욕적이었다. 전국 본사 주지는 물론이고 조실 스님까지도 법당 마당에서 쪼그려 뛰기를 했고 마구 끌려갔다. 연행해 간 곳에서는 승복을 벗고 군복을 입으라고 했고 구둣발로 걷어차고 주리를 틀었다. 고문 후유증으로 죽은 사람도 있다. 계엄군은 빨갱이보다 더 했다. 그렇게 하라고 지시했나.

▲김충우: 경위설명에서도 강조했지만 10·27불교계수사와 10·30전국사찰수색작전은 다른 사안임을 다시 알아주길 바란다. 전국사

찰수색작전은 중앙에서 전국을 관리할 수 없으므로 지역별로 나뉘어서 실시되었다.

▲설정 스님: 10월 30일 잡았다는 1만7천여 명 중 절에서 잡힌 인원은 몇 명인가?

▲김충우: 10월 30일 작전에는 1만7천여명이 검거되지 않았다. 서류에 기록돼 있는 것은 오타가 난 것이다. 포고령 위반자 1명, 기타범법자 1천4백12명, 거동수상자 3백62명, 불교계 1명 등이다.

▲혜성 스님(당시 도선사 주지): 아직도 당신들은 진실을 왜곡하고 불교계를 우롱하고 있다. 자료에 전국사찰 수색 시 검거인원을 1만7천명으로 표기해 놓은 것은 불교계를 범죄의 온상으로 몰고 가고자 하는 저의가 있는 것 아니냐. 당신들이 작성한 보도자료 때문에 오늘 낮 뉴스에는 당시 사찰에서 1만7천명이 검거됐다고 보도됐다.

▲강용식 문광차관: 잘못했다. 미안하다. 반드시 정정토록 하겠다. 공약한다.

▲능혜 스님: 군병력 3만여 명을 동원하려면 미군의 허가가 있어야 되는 것 아닌가?

▲김충우: 미군개입은 절대 무관하다. 병역은 지역별 현지부대에서 시행됐다. 자료공개는 보안사에 요청해서 보충답변하도록 하겠다.

▲혜성 스님: 합수단장의 종교가 무엇인가?

▲김충우: 나는 고등학교 때 영세를 받았다. 하지만 군복무시절부

터 1983년까지 성당에 나가지 않았다. 10·27법난과 계엄 하의 나의 직책상 저지른 엄청난 죄책감에 1985년부터 다시 성당에 나가고 있다. 불교수사는 결코 종교차원에서 이뤄진 것이 아니다. 계엄을 마무리짓는 과정에서 수사에 착수했고 착수하자마자 후회했다.

▲운덕 스님(천태종 총무원장): 천태종은 12월 11일 다시 2차 수사를 받았다. 그 이유는 무엇인가?

▲김충우: 전국 수사를 일일이 관장할 수 없었다. 다만 구인사는 지금 기억하건대 현지 합수사서 끝까지 마무리짓겠다는 요청이 와서 사후승인을 내려줬다.

▲석암 스님(당시 천태종 총무원장): 당시 천태종 총무원장으로 있으면서 정부 주무부서인 문공부에서 시키는 대로 다 했다. 반공궐기대회나 국민화합기원대법회에 지원금으로 1천만원 이상을 냈다. 그런데 계엄당국은 이를 빌미로 모진 고문을 자행했다. 짜여진 각본에 의해 진행된 수사를 통해 나는 1년 징역까지 살았다. 즉시 항소했으나 기각 당했다. 심지어 보살 앞으로 돼 있는 예금통장까지 갈취했다. 그때 가져간 돈의 행방을 밝혀라.

▲김충우: 당시 졸렬했던 수사방식은 솔직히 시인한다. 특히 천태종의 과잉수사는 미안하게 생각한다. 책임은 스님이 지라는 대로 지겠다. 그리고 스님 돈의 행방은 확인해서 개인적으로 알려주겠다.

▲삼보 스님(상원사 주지): 10·27법난은 불교탄압이었다. 당시 스님

들은 연행된 게 아니라 체포되었다. 10·30작전 입안자는 누구냐?

▲김충우: 본인이다.

▲삼보 스님: 10·27법난 당시 삼청교육대에 끌려간 스님들이 있다. 그 사실을 알고 있는가?

▲김충우: 처음 듣는다.

▲삼보 스님: 나는 12월 4일 38사단 삼청교육대에 끌려갔다가 이듬해 1월 4일 출소했다. 나는 월남전에 참전해 부상을 당해 국가로부터 보상금을 받고 있는 처지였다. 그런데도 삼청교육대에 보냈다. 본부의 지시 아니냐?

▲김충우: 삼청교육대 입소는 시말의 사건이다. 그런 결과가 나온 데 대해 할 말이 없다.

▲삼보 스님: 법난 집행 이후 표창을 받았느냐?

▲김충우: 법난과 관계 없이 계엄사령관패만 받았다.

▲혜창 스님: 조계종 종회 법난진상규명위원이다. 조계종 자체적으로 10·27법난 규명이 진행되고 있다. 투서 서류를 받아 규명에 자료로 활용하고 싶다. 투서를 줄 의향은 없는가?

▲임헌표 국방차관: 자료보존을 확인해 보고 가능한 도움을 드리겠다.

▲정휴 스님(법난진상규명위원장): 한영수 당시 종무관은 정화의 필요성에 대해 계엄사에 가서 브리핑을 했다는데 사실인가? 또, 한 실장은 당시 송월주 스님의 대표자 등록을 거부했던 이유를 밝혀달라. 합

동수사본부는 자율정화를 강조하면서 스님들을 집단으로 강제참선시킨 이유가 무엇인가?

▲전창렬: 당시 사회의 삼청교육이 불교법난 직후 실시됐다. 실무대책반은 불교계가 자율적으로 정화를 추진해야 한다는 방침 아래 자율정화계획서를 작성해 수습업무를 추진했다. 스님들의 경우 각 지방 합수 결정에 따라 삼청교육대나 흥국사로 보내졌다. 당시 사회분위기 때문에 스님들은 자동적으로 삼청교육대 행을 면할 수 있었다.

따라서 스님들은 흥국사로 보내졌다. 왜냐하면 승복입고 삼청교육대로 가면 불교탄압의 지탄을 면할 수 없기 때문이다.

▲한영수: 계엄사의 요청으로 나는 국장과 동행해 보고를 했다. 그때 대책문제로 1차 스님들 스스로 화합해서 해결하고, 만약 그것이 안 될 경우 2차 불교재산법 제3조에 의해 재산관리인을 파견하는 것이 좋다고 했다. 당시 나는 분규책임은 스님들 스스로 지셔야 하고 화합한 모습을 보여달라고 호소하고 다녔다. 나는 1980년 3월까지 종무과장이었고, 4월1일자로 종무담당관이 되었다. 월주 스님 원장 등록 거부 이유는 행정적으로 처리할 수 없는 상황이었다.

▲ 경우 스님: 신군부는 허위투서를 미끼로 불교를 탄압했다. 10·27법난의 책임자는 전두환이다. 정부는 10·27법난 진상 규명에 노력해달라.

▲의현 스님: 법난진상규명의 일환으로 오늘 이 자리를 마련한 데

감사드린다. 10·27법난 이후 줄곧 보안사 직원인 이복락 씨는 "보안사가 법난기록 자료를 보관하고 있다"고 말했다. 불교와 당국이 힘을 모아 국민화합에 앞장서야 할 때이다. 당시 진정서는 빠른 시일 내에 공개돼야하며 우리도 다시는 이런 일이 없도록 자체적으로 제도적 장치를 마련하겠다.

▲정휴 스님: 오늘 재야의 법난진상규명추진위원장 월주 스님(금산사 주지)은 이런 분위기가 법난진상규명에 도움이 안된다고 생각해 불참한 것으로 알려졌다.

5

무고의 투서가 빌미라니?

> 4. 폭약사범의 단속은 계속적인것을 요망하고 있음
> 5. 광주사태시 분실된 M16수 총기 195정은 대부분 산 및 숲속에
> 버려진 것으로 판단 회수에 노력하고 있음
>
> 10: 34 전주지방검찰청 검사장의 전주지방 민심동향 보고
> 1. 전통적인 보수 야당적이나 정부시책에는 순응하는 편임
> 2. 호남푸대접이라는 잠재적 불만은 있으나 노골적인 표현은 삼가
> 하고 있음
> 3. 국보위원회의 권력형부정축재자나 공직자 숙정에 대하여는 각계
> 각층에서 환영하는 편임
> 4. 종교계의 카토릭계통이 반체제성이 농후하고, 개신교 일부목사
> 도 체제에 불만을 표시하며 최대통령하야에 대하여는 부정적인
> 면으로 받아 들이고 있음.
> 5. 학원가의 동태는 현시국에 부정적임
>
> 10: 37 청주지방검찰청 검사장의 수해이후의 민심동향 보고
> 1. 수해 피해가 892억원이나 되었으나 정부의 적극적인 지원등으로
> 거의 복구가 완료되어 가고 있음
> 2. 단과대학인 청주대학을 종합대학으로 승격시켜주겠다는 국보위
> 회의 결정에 감사하고 있으나 데모에 참가했던 39명에 대하여
> 각구청장이 1대1 순환작업을 하고 있고 일부학생이 숙정에 불
> 과 학원자유화가 뜻대로 되지 아니한 것을 불명하고 있음

5. 무고의 투서가 빌미라니?
— 가해자 없고 피해자만 있는 사건

"한영수 선생, 제가 선생의 원을 풀어드리겠소."

10·27법난 당시 문공부 종무담당관이었던 한영수 씨는 2005년 8월 불교인권위원회에서 열린 10·27법난 진상 규명을 위한 모임에 참석했다가 법타 스님으로부터 뜻하지 않은 말을 듣고 가슴이 뭉클해졌다. 한씨는 자신의 삶을 송두리째 파멸시킨 10·27법난을 잊을 수 없었다. 10·27법난이 일어나기 전까지 한씨는 공무수행을 위해서라면 갖은 고생도 마다하지 않는 청백리였고, 휴일마다 사찰을 찾아 스님들에게 법문을 듣던 독실한 불자였다. 불심이 없었다면 2년 7개월씩이나 이어진 개운사파와 조계사파의 대립을 중재하기 힘들었을 것이다. 개운사파와 조계사파가 대립구도를 보인 것은 1977년부터이다. 당시 한씨는 문공부 총무과장직을 맡고 있었다. 종권 다툼이 깊어지자 박정희 대통령은 국무부 김성진 장관에게 불교분규를 조속

히 수습하라는 지시를 내렸다. 김장관은 중진 스님들을 만나 뵙고 사태를 수습하려고 애썼다. 하지만 일은 좀처럼 풀리지 않았다. 개운사파와 조계사파의 합의를 도출하기 위해 한씨는 스님들을 산업시찰 현장에 초청했다.

통행금지 시간이 있을 때라 늦은 밤에 절에서 내려오면 잘 데가 없었다. 여숙旅宿에 지친 몸은 점차 녹초가 되어 갔다. 하지만 종권 다툼을 종식시키기 위해 한씨는 노력했다. 한씨가 불교 일이라면 물불 안 가리고 힘쓴 것은 공직자로서의 소임을 다하기 위해서이기도 했지만 독실한 불자였기 때문이기도 했다. 한씨는 종교는 사회의 마지막 보루라고 생각했다. 유년기에는 부모에 의존하고 청·장년기에는 자신에게 의지하지만 노년기에는 어쩔 수 없이 종교에 기댈 수밖에 없는 게 인생사였다.

한씨의 노력에 몇 차례 합의를 도출됐으나 이상하게도 합의는 이튿날 바로 결렬됐다. 하룻밤 전에만 해도 서로가 악수를 나누며 합의서에 서명을 하던 스님들이 이튿날이면 언제 그랬냐는 듯이 이혼법정을 나서는 부부처럼 냉담한 얼굴로 돌변했다. 이런 일이 빈번해질수록 한씨는 스님들의 배후를 조정하는 국가공권력이 있는 게 아닌가 하는 의혹을 갖게 됐다.

장기간 지속된 종권 다툼은 나중 10·27법난의 단초를 제공하는 빌미가 되었다. 다행이 불교계는 극적으로 합의하고 월주 스님 총무원장 체제를 확립했다. 이미 개운사파는 월주 스님이 총무원장에 당선되기 전부터 수적으로 월등히 우세였다. 하지만 문제는 절차상의 명분이었다. 당시는 총무원장 중심제가 아니고 종정 중심제였기 때문에 종정이 등록되지 않은 상태에서 총무원장을 등록시킬 수는 없는 일이었다.

불교계를 더욱 궁지에 몰아넣은 것은 신군부였다. 12·12쿠데타를 통해 정권을 찬탈한 신군부는 사회적 헤게모니를 획득하려고 사회정화에 나섰고 국제적 지지세력이 없던 불교계는 희생양이 될 수밖에 없었다. 계엄당국은 불교계를 자체적 정화가 불가능한 집단으로 매도했다. 10·27법난이 일어났을 때 한씨는 문공부 종무담당관이었다. 당시 문공부에서는 반체제적인 기독교 인사가 사회동요를 일으키지 않도록 특별관리하라는 지시가 내려졌다. 때문에 한씨는 기독교계 동정을 살피느라 잠시 불교계를 등한시한 사이 10·27법난이 일어났다. 문공부와의 사전협의는 이뤄지지 않았다. 다만 10·27법난이 일어나기 며칠전 계엄사령부에서 한씨를 불러 불교계 상황을 보고하도록 시켰다. 당시 한씨는 월주 스님 총무원장 체제가 돌입되기까지의 과정을 설명했다. 혹시 불교계가 비리온상으로 비쳐질까봐 한씨는 보고를 마치면서 불교계는 얼마든지 자체적으로 정화할 수 있는 저력을 갖고 있다는 말을 덧붙였다.

당시 계엄사 관계자들은 국보위 민원실에 수천 통의 투서가 쇄도했다고 주장했다. 물론 문공부에도 몇 통의 투서가 들어왔던 것은 사실이었다. 투서는 대부분 근거 없이 상대를 비방하는 내용이었다. 한씨는 루머와 다를 바 없는 내용으로 쓰여진 투서가 불교정화의 빌미가 될 것이라고는 상상도 못했다.

한씨가 10·27법난이 난 것을 안 것은 계엄사 발표가 실린 신문을 읽고 나서였다. 한씨는 10·27법난이 일어나기 하루 전 직지사에 방문했다. 박정희 대통령 시해 1주년 탑 조성 행사에 참석하기 위해서였다. 직지사를 다녀오는 내내 궂은 날씨가 계속됐다. 하염없이 내리는 차갑고 축축한 진눈깨비 때문인지 불길한 예감이 엄습해왔다. 예감은 적중했다. 신문을 보는 순간 한씨는 머리가 혼미해졌다. 한씨는 이어 중진 스님들이 대거 끌려갔다는 소식을 접했다. 불교계 정화라는 미명 아래 자행된 10.27사건은 분명한 법난이었다. 며칠 후 보안사가 한씨를 불렀다. 그 자리에는 최재구 조계종전국신도회장, 이건호 조계종전국신도회 사무총장 등 종단 살림을 잘 아는 이들이 동행했다. 이때부터 한씨는 계엄당국과 마찰을 빚기 시작했다. 한씨는 정교분리의 원칙을 들어 자체정화를 주장했다. 한씨의 주장과 전국신도회의 입장은 일치했다. 하지만 이미 사태는 되돌릴 수 없는 상황까지 전개돼 있었다. 계엄당국은 체포된 스님들을 풀어줘야 한다는 한씨의 주장에 귀 기울이지 않았다.

궁리 끝에 한씨는 원로회의를 개최할 것을 제의했다. 석주 스님 등이 참석한 가운데 열린 원로회의에서 종회를 열 것을 강력히 주장했다. 한씨는 불교계 자체적으로 사건을 해결되기를 희망했던 것이다. 종회가 열리던 날 아침 한씨는 서빙고에 끌려갔다. 종회가 열리는 것을 보니 일의 실마리가 풀리는가 싶었다. 그때 보안사 직원들이 한씨를 연행해갔다. 한씨는 보안사에서 자신을 보호해주려고 온 줄 알았다.

서빙고에 끌려간 후부터 한씨는 더 이상 사람이 아니었다. 군인들은 그를 짐승 취급했다. 서빙고에 당도하자마자 그는 알몸이 돼야 했다. 군인들은 살의殺意에 찬 눈빛으로 쏘아보며 군홧발로 온몸을 걷어찼다.

보안사는 한씨를 분규 배후 조종자로 몰아갔다. 그 근거로 대한불교진흥원의 지원금 관련 공문을 들었다. 한씨는 분규를 막기 위해 대한불교진흥원이 조계종에 지원하던 금액을 중단하라는 공문을 낸 적이 있었다. 군인들은 상황조차 제대로 파악하지 못한 채 강압적으로 수사했다. 분규 조종 혐의가 밝혀지지 않자 뇌물수수 혐의로 몰아갔다. 수사하는 내내 고문은 이어졌다. 고춧가루 탄 물을 코에 들이붓는가 하면, 전기고문을 하기도 했다. 기골이 장대한 한씨였지만 무자비한 고문 앞에서는 당해낼 재간이 없었다. 고문방법은 잔혹했으며, 또한 교활했다. 고문을 해도 요구하는 답변이 나오지 않자 취조자들은 협박을 일삼았다.

"바른 대로 불지 않은 주사기로 척수를 빼버리겠어."

"네까짓 놈 하나 죽여도 상관없어. 몸에 바위를 달아 한강에 빠뜨리면 그것으로 끝이야."

협박의 말도 가지각색이었다. 그들은 실신할 정도로 두드려 팬 후 몸에 든 멍을 지우기 위해 소염제를 온몸에 바르게 한 후 온수 목욕을 시켰다. 심지어 간호사들이 건강을 체크하기도 했다.

열흘동안 고문을 당한 후 그는 내보내주겠다는 말에 현혹돼 진술서에 서명을 했다. 진술서 내용에는 그가 2백17만원의 뇌물을 받은 것으로 되어 있었다. 그의 죄는 특정범죄 가중처벌법에 의해 다뤄졌다.

허우대 좋기로 유명한 한씨였지만 구치소에 이송될 때에는 그의 몸은 파김치처럼 풀이 죽어 있었다. 잦은 구타로 인해 온 몸에 얼룩덜룩한 멍들이 새겨져 있었다. 마치 꽃뱀 같았다.

그는 구치소에서 수감돼 있으면서 재판을 받았다. 구형에서는 5년형이 선고됐다. 눈앞이 정전된 것처럼 캄캄했다. 한씨는 자신이 무슨 죄를 지었는가 생각했다. 아무리 생각해봐도 자신의 죄는 불교를 믿은 죄뿐이었다. 2심 재판까지 간 끝에 그는 징역 8개월 집행유예 1년형을 받고 풀려났다. 무고함을 증명하기 위해 대법원 판결까지 가려고 했지만 담당 변호사가 이를 만류했다. 한씨는 재판을 하느라 많은 돈이 들었다. 다행이 문공부 동료 직원들이 2차에 걸쳐 모금액을 전달해줬다. 삼엄한 계엄령 치하에서 동료직원들이 모금을 해줬다는 것만으로도 그의 무고함은 증명되는 것이다.

10·27법난은 마치 홍수와 같았다. 수마水魔가 휩쓸고 간 마을처럼 불교계는 폐허가 되어 버렸다. 한씨는 자신이 홍수에 휩쓸려간 죄 없는 한 어린아이와 같다고 생각했다.

나약한 한 국민에게 국가권력이란 산보다도 높은 것이었으며, 바다보다도 넓은 것이었으며, 늪보다도 깊은 것이었다. 한씨를 고문했던 이들이 협박했던 말처럼 군부독재 아래에서 한 개인이란 바위를 매달아 한강에 빠뜨려도 모르는 존재였다. 절대권력 앞에서는 종교도 그 역할이 미미했다. 한씨가 생각했던 것처럼 신군부 정권에게는 종교가 수호해야 할 마지막 보루가 아니었다. 권력찬탈의 도구에 지나지 않았다. 한씨의 경우에서 볼 수 있듯 10·27법난은 명백한 국가권력에 의해 자행된 종교탄압사건이었다. 여기서 짚고 넘어가야 될 부분이 있다. 당시 여론에 발표된 대로 보자면 10·27법난은 불교정화였다. 불교계는 구제불능의 비리집단이었고, 때문에 국가권력이 어쩔 수 없이 타율적인 정화에 나선 것이다. 당시 계엄당국은 10·27법난을 단행할 수밖에 없는 근거로 쇄도한 투서를 들었다. 김충우 씨는 국보위 민원실에 진정서 및 투서가 산더미처럼 쌓여 있었다고 했고, 양근하 소령도 1천여 건의 투서가 들어왔다고 회고했다. 필자가 취재한 결과 진정서 및 투서가 들어왔다는 것과 그 투서가 불교계 내부자에 의한 고발이었다는 것은 사실이다. 이는 혜성 스님의 수사 시 사찰 관계자가 아니면 알 수 없는 내용에 대해 집중추궁했다는 점과 한영수 씨의 진술에서도 잘 드러난다. 하지만 투서 양이 수천 통에 달했다는 계엄당국의 발표는 설득력이 없다. 앞서 설명했다시피 한씨는 투서사실 자체를 부인하지는 않았으나 그 양에 대해서는 많지 않았다고 회고했다. 또한, 그 내용도 루머에 근거한 것이어서 불교전체를 수사할 만한 근거가 될 수 없었다.

1989년 5공특위 당시 국회는 국방부에 결과 국방부에서 보낸 문서에 따르면 고작 6건에 불과했다.

1989년 4월 6일 열린 10·27법난 관련 국회문서 검증에 따르면 10·27법난 당시 접수된 진정서 및 투서는 총 14건만이 남아있는 것으로 드러났다. 이는 5공특위 인권소위가 요청함에 따라 국방부가 제출한 것이다. 1979년부터 1980년까지 국방부에 접수된 진정서 및 투서는 7건의 진정사실과 7건의 형사사실이 전부였다. 서울지검에서 처리한 7건의 형사사건관련 11명 중 7명은 이미 공소시효가 경과한 사건이어서 처벌을 받지 않았다. 11명 중 4명만이 징역 1년에 집행유예 2년의 처벌을 받았다. 그들은 모두 무고혐의죄로 처벌을 받을 자들로 10·27법난의 주요투서자들이다.

10·27법난 당시 대흥 스님(나승화)을 비롯해 윤월 스님(서승남)·김홍기·김각경 등은 불교계 비리에 대해 투서를 넣었다가 오히려 무

고죄로 실형을 받았다.

이들의 대법원 판결문을 살펴보자.

서울형사지방법원

판결

사건 80고단 8722 무고

피고인 1. 서승남 승려 2. 김홍기 무직 3. 김각경 무직 4. 라종화 무직

피고인 서승남은 법명이 윤월인 승려로서 1978년 4월 11일 대한불교조계종 총무원 기획국장직에 취임했다가 1978년 8월 9일 윤고암이 종정으로 취임한 후 해임된 자이고, 동 김홍기는 법명이 홍건인 불교신도로서 1964년 10월 6일 동 총무원 사회계장으로 취임한 후 각 직책을 전전하다가 동 1980년 5월 16일 피해자 송현섭(법

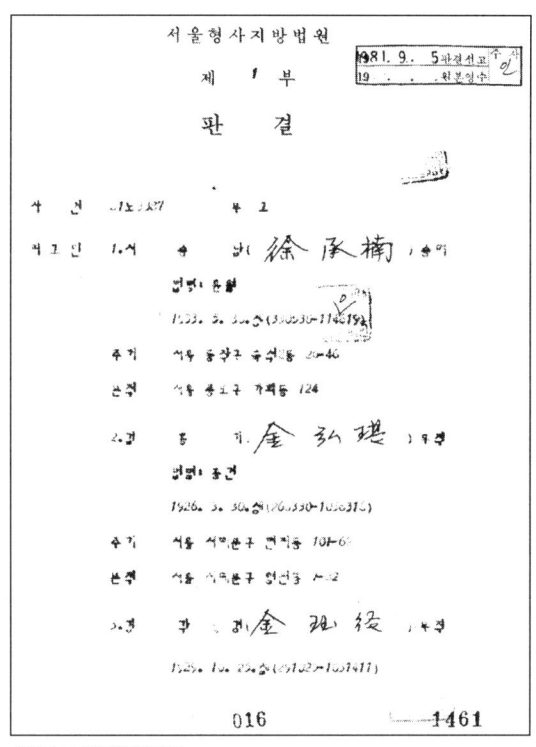

윤율스님 대법원 판결문.

명 월주)이 동 총무원장으로 취임한 후 해임된 자이고, 동 김각경은 일정한 직업이 없는 불교신도로서 조계종 내분을 틈 타 중직에서 해임된 자이나 종단에 대한 불평불만을 토로하는 자들과 결탁해 소위 종권다툼을 위한 투서, 진정 등을 일삼는 자이고, 동 라종화는 법명이 대홍인 승려이던 자로서 1950년 10월경 출가한 후 각 사찰을 전전하다 1965년 1월 13일 조계종감찰원에서 5년간 공권정지의 징계처분을 받았다가 1967년 3월 31일 음주 등 비행사실로 인해 감찰원에서 재적처분을 받은 다음부터 이에 감정을 품고 동 총무원 주위를 배회하면서 종직자와 그의 측근자 등에 대한 투서, 전정, 고소 등을 일삼는 자인 바,

1. 피고인 라종화는,
가. 1980년 7월 24일 14시 20분경 서울 종로구 견지동 앞길에서 동 총무원 규정부 총무계장인 공소의 가용우 외 3명으로부터 폭행을 당하여 전치2주의 상해를 입었을 뿐인데도 당시 위 송현섭의 친조카인 송재상은 현장에 없었음에도 불구하고,

1980년 7월 28일경 종로경찰서 수사과에 동소 근무 순경 이종일에게 위 송재준 외 4,5명으로부터 폭행을 당해 상해를 입었다고 구두로 허위의 사실을 신고하고,

위 송현섭은 1980년 5월 13일 동 총무원을 인계 받고 총무원장으로 취임하였으며 불교재산관리법에 대하여는 부분적인 개정의 필요성 여부를 연구 검토 중에 있고 대검찰청 지방검사였던 공소의 김일두와는 3년 전 개운사에서 동인이 사찰현판을 촬영하러 왔을 때 인사를 나눈 일 외에 친분이 없을 뿐만 아니라 도선사 주지인 공소의 이혜성이 피의자로 입건된 형사 사건을 알지도 못하는데도 불구하고 1980

년 10월 26일 16시경부터 동일 19시경까지 서울 성동구 하왕십리동 소재 피고인의 집에서 수신인을 '전두환 대통령, 문화공보부 장관, 계엄사합동수사본부장'으로 하여, '①총무원장 송월주는 1980년 5월 13일 배송원 등을 폭력에 의해 축출시키고 총무원을 강제점거하였다 ②송월주는 계속 부정축재할 목적으로 불교재산관리법을 폐지하려는 움직임을 보인다 ③도선사 주지 이혜성이 횡령죄로 1980년 5월경 특별수사부에 구속되었을 때, 대검차장 김일두의 종용으로 조사치 않고 미처리되었다'는 내용으로, 1980년 10월 27일(발송일자) '대한불교 조계종 재건결맹 라대홍' 명의로 피고인의 인장을 찍어 허위의 청원서 1부를 만들어 1980년 10월 27일 16시경 서울 중구 충무로 소재 중앙우체국에서 계엄사령부합동수사본부장에게 위 청원서를 우편으로 발송하여 동년 10월 30일 계엄사령부합동수사본부에 접수시켜 허위의 사실을 신고하고,

2. 피고인 서승남, 동 김홍기 및 동 김각경은,

1980년 8월 초순 일자 미상 11시 50분경 서울 종로구 견지동 소재 서울다방 등지에서 수차에 걸쳐 회합하면서 수신인을 '국가보위비상대책상임위원장'으로 하여, '불교신문사 사장 김경우, 도선사 주지 이혜성, 총무원 상임 기획위원 김용식 등은 불교재산처분을 막행막식하는 인물들이다. 총무원장 송월주, 총무부장 이진철, 교무부장 이현광, 감찰부장 오법달, 조계사 주지 김혜법, 마곡사 주지 황진경 등은 승려라는 직위를 남용해 신도들에게 금품을 강요하고 뜻을 이루지 못하면 폭력과 모략중상을 일삼고 매관매직을 하는 대표적 인물들이며 국민은행 봉천동 지점에서 금 3,000만원을 불법 대출 받아 낭비하였다. 전국 승려들로부터 일체신고의 명분으로 1인당 5,000원씩을 착

취하였다. 과거 3년간 조계종의 소송비용 수억원을 조달키 위하여 승려에게는 주지직을 조건으로 신도들에게는 이권을 조건으로 강탈 이용하였다'는 내용으로 1980년 8월(발송일자) '조계사 서승남(법명 윤월)'의 명의로 피고인 서승남의 인장을 찍어 허위의 탄원서 1부를 국가보위비상대책상임위원장에게 우편으로 발송하여 동년 8월 12일 국가보위비상대책상임위원회에 접수시켜 허위사실을 신고하고,

나, 수신인을 '국가보위비상대책상임위원장'으로 하여, "송월주 일파는 지난 5월 13일 명성높은 폭력배 40여 명을 용역으로 동원하여 총무원장 배송원 스님을 추방하고 강점 후 범죄단체를 조직적으로 합법화시키려고 위장하고 있다. 총무원을 강점 후 폭력배들에게 일일 수십만원씩의 사례비를 지불하고 있다. 종도와 각 사찰로부터 금품갈치를 일삼으며 종단 공금을 횡령하고 이를 합법화하기 위해 문서변조, 은닉을 일삼는 자들이다"는 내용으로, 1980년 8월 15일(발송일자) '조계사 총무국장 서승남(법명 윤월)' 명의로 피고인 서승남 인장을 찍은 후 허위의 진정서 1부를 만들어 국가보위비상대책상임위원장에게 위 진정서를 우편으로 발송해 동년 8월 20일 국가보위비상대책상임위원회에 접수시켜 허위의 사실을 신고한 것이다.

결국 이들 투서자들은 무고죄로 징역 1년의 실형이 선고되었다. 이는 이들의 주장이 모두 허구라는 것을 증명하고 있다. 여기서 우리가 주목해야 될 것은 투서의 발송일자와 접수일자이다.

진정서 투서시기와 수사시기가 연속선상에 놓이지 않는 점도 10·27법난의 동기를 의심하게 하는 증거이다. 판결문에는 이들의 투서

가 모두 1980년 8월에 발송 및 접수되었다고 명기되어 있다. 심지어 나대흥 스님의 경우는 1980년 10월 27일날 투서를 발송해 10월 30일 접수되었다. 잘 아시다시피 10월 27일은 조계종총무원장 월주스님을 비롯해 주요간부 스님들이 연행된 날이고, 10월 30일은 전국사찰수색이 실시된 날이다. 우연의 일치라고 보기에는 미심쩍은 점이 너무 많다.

1989년 국방부에서 실시된 '10·27법난 수사경위 설명회'에서 김충우 전 합수단장은 "10·27법난은 1980년 2월 최초입안이 이뤄졌고, 6월 국보위가 합수단에 수사지시를 내렸다"며 "당시 계엄당국이 불교정화를 실시할 수밖에 없었던 것은 불교계 내부의 진정서와 투서가 쇄도했기 때문"이라고 말했다. 김충우 단장의 말을 요약하면 10·27법난은 투서에 근거해 수사가 진행됐다는 얘기가 된다. 그렇다면, 투서시기가 10·27법난 수사지시 시기보다 빨라야 한다. 그런데, 밝혀진 결과는 투서시기가 수사지시보다 두 달이나 늦은 것으로 드러났다.

또한 투서작성자에 대한 의혹도 제기되고 있다. 투서작성자가 투서자 본인이 아니라 정부 관계자들이었다는 증언이 나온 것이다. 윤월 스님은 "진정서를 직접 작성한 게 아니라 조계종 출입 정보원들이 진정서를 들고와 도장만 찍어줬다"며 "처음 볼펜으로 작성한 진정서를 들고 온 것은 김홍기 씨였고 타이프를 쳐서 문서화된 것은 들고 온

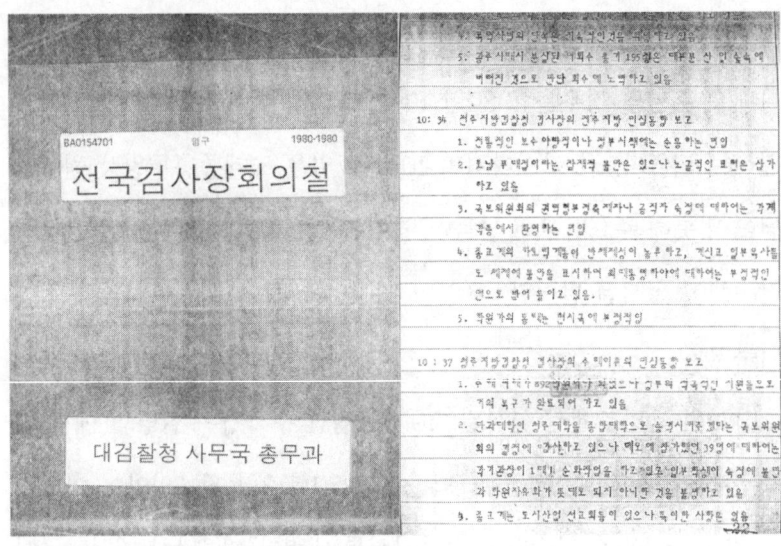

1980년 8월 19일 열린 전국검사장회의철 및 본문 일부.

것은 김학태 씨였다"고 털어놨다. 하지만 윤월 스님의 주장에 관계자들은 사실무근이라고 맞서고 있다.

설령 계엄당국의 주장대로 진정서와 투서가 쇄도했다고 해도 여전히 의혹은 남는다. 전국사찰 스님들을 연행할 만큼 불교계 전반에 걸쳐 투서가 들어왔을까 하는 의심이 든다. 또, 투서자들이 무고죄로 실형이 선고되었다는 것은 투서자들의 주장이 모두 거짓이라는 얘기인데, 어찌하여 투서에 거론된 많은 스님들이 체탈도첩을 받았는가 하는 것이다. 아무리 생각해도 미궁이다.

대체 25년 전 늦가을 조계사 주변에서는 무슨 일이 벌어진 것일까? 누구의 말이 사실이고 누구의 말이 거짓인지 알 수 없다. 다만 확실한 사실은 10·27법난 사건은 안개 속의 풍경처럼 모든 실체가 없다는 것이다.

한씨의 얘기 중 간과해서는 안 될 내용이 있다. 바로 10·27법난 직전 문공부에서는 기독교계 반체제 인사를 관리하라는 지침이 내려왔다는 사실이다. 이는 계엄당국이 사회정화의 일환으로 종교계 전반에 걸쳐 총칼을 휘두르려는 계획이 있었다는 의혹의 단서가 되고 있다. 10·27법난 직전 열린 전국검사장회의를 살펴보자. 1980년 전국검사장회의철 문건에 따르면, 1980년 8월 19일 대검찰청 대회의실에서 열린 전국검사장 회의에서 종교문제도 안건으로 다룬 것으로 기록돼 있다. 흥미로운 사실은 불교계 문제는 일절 언급되지 않았다는 점이다.

이날 전주지방검찰청 검사장은 "종교계의 카톨릭 계통이 반체제성이 농후하고 개신교 일부 목사들도 체제에 불만을 표시해 최대통령 하야에 대해 부정적인 시각을 갖고 있다"고 말했다. 부산지방검찰청 검사장은 "종교계에 외국으로부터 들어오는 지원자금에 대해 국가에서 통제하고 신학교의 창설, 신학교의 학제, 목사의 자격들을 제도적으로 국가에서 통제해야 한다"고 보고했다.

각 지방검찰청 검사장들이 종교계 동향은 보고했다는 것은 무엇을 의미하는 것일까?

이 문서에서 가장 눈길을 끄는 것은 광주지방검찰청 검사장의 광주사태 이후의 민심동향 보고이다. 이날 광주지방검찰청 검사장은 "외

형상으로는 평온하며 사태 이전으로 돌아갔으나 내면적으로는 아직도 김대중에 대한 동조인이 남아있다"며 "일부 택시운전사들이 외부인들에게 유언비어가 사실이다라고 말하는 심층부의 응어리진 부분이 아직도 남아있다"고 보고했다. 검사장은 또 "국보위원회의 사회정화는 대체적으로 환영하고, 호남고속도로를 4차선으로 확장한다는 결정에 대해 기대를 하고 있다"며 "폭력사범의 단속은 지속적인 것을 희망하고 있다"고 덧붙였다.

광주시민들이 광주민주화항쟁을 무력으로 진압한 신군부에 대해 적대적인 감정을 품었을 것은 불 보듯 뻔한 일이다. 신군부의 입장에서도 광주민주화항쟁은 목에 걸린 가시처럼 여겨졌을 것이다. 신군부가 국가재건회의를 모델로 한 국보위를 출범한 후 줄곧 실행한 일은 사회정화, 복지, 문화 사업이었다. 사회정화 사업은 사회 내부에 산재해 있는 비리를 확대시킴으로써 정권찬탈 과정에서 광주지역을 피로 물들인 죄업을 애써 감추려는 의도에서 실시됐을 것이다. 그리고, 복지와 문화 사업은 국민들의 환심을 사기 위한 의도로 실행됐을 것이다.

국보위의 사회정화 사업에 대해 환영의 입장을 밝힌 것은 비단 광주 검사장뿐만은 아니다. 이날 각 지역 지방검찰청 검사장들은 "국보위의 권력형 부정축재자나 공직자 숙정과 폭력배 단속에 각계 각층에서 환영하고 있다"고 입을 모았던 것으로 기록돼 있다.

신군부가 종교계 전반에 걸쳐 손을 대려고 했다는 증언은 속속 등장하고 있다. MBC「이제는 말할 수 있다」의 '10·27법난의 진실' 방송에서도 "익명의 합수부 관계자는 신군부가 카톨릭과 기독교의 반체제 인사들에 대한 정화 계획이 있었다고 말했다"고 보도했다.

당시 정화대상자로 거론되는 인물은 제일교회 박형규 목사, 도시산업선교회 인명진 목사, 천주교 정의구현사제단 소속 신부들이다.

이와 관련 10·27법난 당시 연행된 스님들도 대부분 타종교 지도자들에 대한 정화계획에 대해 들었다고 회고했다. 그렇다면 왜 불교만 정화의 대상이 되었을까? 이에 대해 김상근 목사는 "대형교회 비리에 대한 정화계획이 있었다는 소문이 있었다"며 "천주교와 기독교는 세계적인 네트워크가 구성된 종교였기 때문에 탄압할 엄두를 못 냈을 것"이라고 말했다.

앞서 살펴본 바와 같이 10·27법난 사건에 있어 불교계는 가해자가 없고 피해자만이 존재한다. 양측(개운사파와 조계사파)으로 나뉘어 대립했던 스님들도, 이들의 대립을 빌미 삼아 진정서를 제출한 투서자들도, 종단분규를 해결하기 위해 노력했던 한영수 문화공보부 종무담당관도 어느 누구 하나 수혜자일 수 없다. 그들은 모두 사법적으로 실형을 받았거나, 종단 내부적으로 체탈도첩을 받았다. 피해자만 남고 가해자는 없는 게 10·27법난의 실상이다.

무고의 투서가 빌미라니?

6
용화세계를 향한 염원

6. 용화세계龍華世界를 향한 염원
― 민중불교운동의 불씨가 되다

서동석 전 민불련 의장은 2005년 8월 18일 조계종총무원장 법장 스님으로부터 법난대책위원 위촉장을 수여 받고 나서 미륵부처님의 형상을 떠올렸다.

10·27법난은 불교계를 초토화시켰지만, 그 폐허에 민중불교운동이라는 희망의 탑을 세웠기 때문이었다.

배부른 자와 헐벗은 자가 없는 세상. 불자들의 용화세계에 대한 염원은 전국 사찰이 군홧발로 짓밟힌 후부터 싹텄다. 짓밟으면 짓밟을수록 더욱 억세지는 풀섶의 이름 없는 무명초처럼 불자들은 강해졌다.

해인사전국승려대회에서 혈서로써 불교의 자주화 결의를 다지는 스님들.

10·27법난 이후 불교계는 먼저 자성의 목소리가 높아졌다. 해방 이후 정권과 유착관계를 보인 어용불교에 대한 신랄한 비판이 자성의 내용이었다. 즉, 불교계가 7, 80년대에 천주교나 기독교처럼 민중의 삶에 뿌리를 내리지 못했다는 것에 대한 자자와 포살이 이뤄진 것이다. 또한, 분규의 근원적인 이유에 대한 고찰도 진행됐는데, 진보적인 불교학자들과 불교운동가들은 그 이유로 일제시대 완성된 사찰령을 꼽았다. 사찰령은 조선총독부가 전국사찰의 주지를 임명할 수 있도록 한 제도이다. 그러다 보니 교단의 자율적인 운영은 불가능했다. 불교계는 인사권을 쥔 총독부는 눈치를 보면서 식민정책에 동조를 할 수밖에 없었다. 일제의 사찰령은 한국 불교가 점점 권력에 종속되는 단초를 제공했다. 일제의 사찰령에 따라 한국불교의 전통인 청정비구의 수행문화도 쇠퇴의 길을 걷게 됐다. 스님들은 수행을 등한시하면서 점차 잿밥에만 눈이 멀어갔다. 어떻게 하면 시주금이 많은 사찰의 주지로 갈 수 있을까 하는 것이 스님들의 관심사가 됐다. 해방이 되어도 불교계의 상황은 달라지지 않았다. 사찰령은 불교 재산관리법이라는 이름으로 바뀌고 이에 따라 전국 사찰은 국가의 통제를 받게 된다. 이승만 정권에서 박정희 정권으로, 다시금 전두환 정권으로 바뀌는 동안 불교는 끊임없이 정부의 시녀의 노릇을 할 수밖에 없었다.

정교분리의 원칙을 지키지 못했던 불교계의 관행을 돌아볼 수 있게

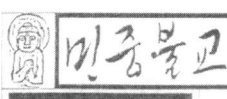

민중불교운동연합이 발간한 「민중불교」 제1호(1987.2.25). 민중불교라는 용어는 1976년 전주 송광사에서 개최된 전국대학생불교연합회의 화랑대회가 민중불교 실천을 위한 전진대회로 명명되면서 최초로 공론화되었다. 그후 전재성은 월간지 「대화」(1977.10)에 민중불교론을 게재하였고, 1981년 10월 사원화운동 심포지엄에서 다시 표면화되었다. 이후 불교의 사회운동, 야학, 민주화운동 등을 민중불교와 연계하는 단체가 등장하였다.

한 것이 바로 10·27법난이었다. 불교계 각성의 산물로 탄생된 것이 바로 1985년 설립된 민중불교운동연합이다. 민불련이 설립됨에 따라 불교계에서도 반反독재 민주화운동이 불을 지피게 됐다.

1986년 5월 9일 일부 깨어있는 스님들이 부처님 오신날을 앞두고 '민주화가 곧 정토의 구현이다'라는 논지로 성명서를 발표했다.

'10·27법난'이라는 말이 나온 것도 민불련 운동의 산물 중 하나이다. 군부독재 정권 하에서 '광주민주화항쟁'이 '광주사태'로 불렸던 것처럼 '10·27법난'이 '불교정화'로 일컬어졌다.

10·27법난을 겪고 난 뒤 이듬해부터 대학가 불교학생회에서는 각성의 분위기가 움텄다. 대학생불교연합회는 1981년부터 매년 집회를 열고 '10·27법난 진상 규명과 책임자 처벌'을 촉구했다. 10·27법난 문제가 문건으로 인쇄되어 공식적으로 제기된 것도 민불련이 창립되면서부터이다. 민불련은 기관지「민중법당」을 내고 10·27법난의 문제점을 대중들에게 알리는데 최선의 노력을 경주했다.

　불교계의 10·27법난 진상규명의 의지는 1986년 9월 7일 해인사에서 개최된 전국승려대회를 기점으로 더욱 확산된다.

　불교계에서 민중불교의 기치를 높이 들 때 사회에서는 민주화운동이 한창이었다. 1987년 6월 항쟁에 힘입어 대통령 직선제가 실시됐지만 아쉽게도 야당 통일대표를 만들지 못해 10·27법난의 주범인 노태우가 대통령에 당선됐다. 하지만 잇따라 실시된 총선에서는 야당이 압승을 거뒀다. 이에 따라 입법부인 국회는 5공화국 비리조사특위(위원장 이기택)를 구성했다. 국회 5공화국비리조사특위가 야권 3당 단일안으로 10·27법난을 조사키로 결정한 것은 1988년 8월 3일이다.

　민정당이 불참한 가운데 열린 이날 회의에서 야권 3당은 10·27법난을 박종철, 김근태 씨 고문사건, 강제징집학생 변사사건, 제일교회 폭력사태 등 인권관련 사건과 함께 5공비리조사특위에서 조사하기로 의결했다. 10·27법난이 5공비리조사특위 안건으로 상정된 데는 민불련의 공이 크다. 민불련 회원 10여 명은 1988년 8월 3일 오후 여의도평민당사에서 10·27법난을 국회차원에서 조사해 줄 것을 요구하는 농성을 벌였다.

민불련 회원들은 이날 평민당 김대중 총재를 면담하고 평민당이 10·27법난 사건의 진실규명에 최선을 다하겠다는 약속을 받아냈다.

10·27법난이 국회 5공비리조사특위 안건으로 채택됨에 따라 불교계 언론은 이 사실을 대서특필했다. 1988년 8월 20일 <주간불교신문> 기사를 살펴보자.

10·27법난 진상규명 소리 높다
5공 자행한 교권유린
불교계 명예 회복돼야

○…국회5공비리조사특위(위원장 이기택)가 지난 3일 야권 단일안으로 「10·27법난」을 조사키로 했다. 민정당이 불참한 가운데 열린 이날 5공비리조사특위 회의에서 야권 3당은 10·27법난을 인권관련 사건으로 묶어 국방부, 내무부, 문공부 등 관련부서에 △10·27법난을 일으키게 된 법적근거와 △법난 발표시 부정치부 사유화했다는 2백억 6천만원의 사용명세를 제시토록 요구했다.

그동안 「10·27법난」은 종단차원으로 공식적인 요구는 물론 정식 거론된 바는 없어왔으나 소장 스님 및 재야 불교단체에서는 꾸준히 진상규명 및 명예회복을 주장해왔다.

특히 이번에 국회차원의 5공화국 비리를 파헤치는데 10·27법난이 안건화된 것은 민불련(의장대행 서동석)이 주도적 역할을 한 것이 일요인. 민불련은 지난 3일 「10·27법난 진상규명을 위한 농성에 들어가며」라는 성명을 통해 「국보위 산하 사회정화위라는 초법적 기구를 통해 불교의 자주화 의지를 탄압한 사건 10·27법난」이라고 규정하고 5공화국 비리특위에서 △법난의 진상규명 △책임자 처벌을 요구하며 평민당사에서 농성을 벌였다.

이제 「10·27법난」은 공식명칭으로 국회차원의 조사가 이뤄지고 결과는 피해당사자인 불교도들에 의해 주시되고 있다.

계엄사의 삼엄한 감시 때문에 1천7백년 역사 이래 유례없는 불교탄압 사건이었음에도 불구하고 '정부의 불교정화를 지지하고 불교계 자성을 촉구한다'는 내용의 기사를 지면에 앉혀야 했던 10·27법난 당시 불교계 언론을 생각한다면 크나큰 쾌척이었다.

민불련은 이어 1988년 8월 30일 10·27법난 진상규명을 위한 대응방안 수립 간담회를 개최했다. 이날 간담회에는 평민당 조승형 의원, 민주당 신영국 의원, 여연 스님, 서동석 민불련 의장, 박충식 정토승가회 간사 등이 참석했다.

이날 간담회에서 양당측은 10·27법난 당시 당사자명단과 현주소, 연행된 사람들의 당시 상황을 육하원칙 하에 기록해 제출해 줄 것을 요구했다. 그리고 10·27법난 자료를 각당에 제출하고 여론화해 '특별위원회' 구성을 요구했다.

이날 불교계 측은 현 조사사항 중 불교 내에서 조사하기 어려운 군 수사기록(보안사)과 사건담당자들의 진술 및 의견서가 보안사에 있으니 국방위 요청으로 열람을 제의했다.

국회5공특위에 10·27법난이 안건으로 채택됨에 따라 10·27법난 진상규명의 열기가 높아지는 가운에 불교계는 10·27법난 8주기를 맞이했다.

1988년 8월 22일 개운사에는 조계사, 미타사, 불광사, 개운사 사찰 대학생회 회원들이 모여 10·27법난 진상촉구연합대회를 개최했다. 이어 23일 대불련 서울지부는 고대소강당에서 10·27법난 발표토론회를 개최했고, 24일 동국대 불교대학학생회는 '10·27법난의 역사적 조명과 한국불교의 방향회'라는 주제로 공개토론회를 가졌다.

불자 대학생들을 중심으로 산발적으로 진행되던 10·27법난 진상규명에 대한 요구는 10·27법난 8주기를 맞아 활화산처럼 폭발했다.

불교계는 1988년 10월 27일 동국대도서관 앞에서 '10·27법난규명과 책임자 처단을 위한 불교도 실천대회'를 개최했다. 대승불교승가회, 불교정토구현승가회, 석림회, 민중불교운동연합, 한국대학생불교연합회, 동국대불교도연합 회원 등 7백여 명이 참석한 가운데 열린 이날 대회는 민족자주를 위해 산화한 열사들을 위한 민중의례로 시작해 석림회 회장 유정 스님의 불교탄압 사례보고, 투쟁선언문 발표, 가두시위 등 순으로 진행됐다.

　이날 모인 스님들은 투쟁선언문을 통해 "민족불교계가 외세에 밀려나고 중생의 삶이 군홧발에 짓밟히는 작금의 현실을 개탄하는 애국불교도들이여! 이제 모두 떨쳐 일어나 악을 행하는 자를 정법의 칼로 물리치자"고 분연히 성토했다.

　또한 스님들은 △법난원흉, 학살원흉 전두환을 처단하자 △분열조장 예속강요 전통사찰 보존법을 철폐하자 △법난자행 고문수사 보안사를 철폐하라 등을 제창했다.

　한편 이날 불교정토구현승가회(회장 청하)와 동국대경주캠퍼스불교도연합회는 10·27법난 진상규명과 책임자 처벌로 불교자주화의 깃발을 굳건히 세우자는 내용의 성명서를 발표했다.

　이날 민족, 자주, 통일불교운동협의회 준비위원회가 『불교탄압과 불교자주화 운동』을, 민불련이 『10·27법난 자료집』을 발간함에 따라 10·27법난의 실상이 대외에 알려지게 됐다.

　10·27법난 8주기를 맞이해 불교계가 단합해 궐기함에 따라 불교계 언론 지면에는 각 사회인사들의 10·27법난 관련 칼럼들이 기재됐다. 그 중 1988년 11월 20일 주간불교신문에 실린 최낙도 평민당 5공특위간사와 강신옥 민주당 5공특위간사의 글은 아래와 같다.

불교재산환수 법난목적 확증
11월 넘어가야 인권문제 다룰 듯
―崔洛道(평민당 5공특위간사)

○…10·27법난의 목적은 수사단장이 수사3국장에게 발신한 그해 (1980년) 10월의 전언통신문에 쓰여진 「재산은 국가에 환수할 방침임」 이라는 문구에서도 알 수 있듯이 정통성 없는 5공이 정치자금 마련을 위해 불교재산 탈취를 기도한 작태라고 추정됩니다.

그러나 10·27법난 문서가 보존돼 있지 않다는 이유로 문공부, 국방부 등 관계기관이 자료제공을 회피하고 있어 불교계의 많은 도움이 요청됩니다.

불교계의 비리의 온상인 것처럼 호도하며 군홧발로 신성한 도량을 짓밟은 것은 분명한 종교탄압입니다.

당시 사회적 상황은 광주사태가 발발함에 따라 신군부의 국민적 지지기반이 상실되어 가던 때입니다. 국민의 열망이 민주화로 치닫자 신군부는 국민의 관심을 다른 곳으로 돌리고자 정략적으로 10·27법난을 일으킨 것입니다.

간사회 통해 제4소위서 맡을 듯
고문 등 인권과 재산강탈에 초점
―姜信玉(민주 5공특위간사)

○인권비리 44개 사안을 다루기 위해 각당의 5공특위 간사들이 잦은 모임을 갖고 있습니다.

10·27법난 문제는 인권과 함께 인사비리의 특성이 있다고 사료되

어 제4소위서 맡기로 잠정결정한 상태입니다.

사실 10·27법난은 제일교회 문제와 함께 저희 민주당에서 의제로 채택하도록 발의했습니다.

민주사회의 가장 기본적인 보장은 인권문제라고 믿고 있습니다. 그러기에 더욱 법난의 진상이나 정황은 밝혀져야 하며 인권을 유린 당한 개인, 나아가 단체의 피해보상은 반드시 이뤄져야 합니다.

10·27법난은 정치가 종교에 관여하게 된 것 자체로 위헌입니다. 5공이 정통성이 인정되지 않는 정권이어서 당시 계엄치하라 할지라도 적법성은 이미 상실할 것입니다. 이와 맥락을 같이해 삼청교육대도 그러합니다만 마구잡이식 스님들의 고문·연행 등 인권의 차원과 재산강탈 등 재산상의 측면에서 피해보상이 반드시 취해져야 하며 10·27법난의 발상자, 최고책임자, 집행자를 추궁해야 할 것입니다.

국회가 10·27법난의 진상규명에 팔을 걷고 나서자 불교계에서는 10·27법난과 관련한 공식적인 단체가 결성됐다. '10·27법난 진상규명추진회(위원장 월주)'는 1988년 11월 22일 오전 기자회견을 갖고 "10·27법난을 일으킨 책임자들은 그 입안과정과 시행자, 수사과정 등 진상을 2천만 불교도와 국민에게 공개해명하고 당사자들은 참회하고 용서를 빌어야 한다"는 내용의 성명서를 발표했다.

당시 월주 스님은 "단체 결성의 목적은 어디까지나 10·27법난 진상을 규명해 불교의 명예를 회복하는 것"이라며 "불교계 요구가 관철되지 않을 경우 '10·27법난 진상규명 및 책임자 처벌을 위한 범불교도대회'를 개최할 것"이라고 말했다.

10·27법난진상규명추진위원회는 1980년 10·27법난의 직접 피해자인 30여 명의 스님과 고은 시인, 신경림 시인 등 일반 신도 20여 명이 참여하고 있다.

이날 기자회견장에는 추진위원장 월주 스님을 비롯해 혜성, 현광, 지명, 성진, 정수 스님과 통일민주당 조만후 의원, 오대영 평민당민권위부위원장, 서동석 민불련 의장 등이 배석했다.

10·27법난진상규명추진위가 공식적인 활동에 돌입하면서 정계 지도인사들과의 교류가 잦아졌다.

10·27법난진상규명추진위는 1988년 11월 25일 민주당 김영삼 총재를 비롯 민주불교회 및 5공특위 의원과 회동한데 이어 12월 1일 평민당 김대중 총재를 비롯 5공특위 간사 등과 연석회의를 가졌다. 이때 회의 내용은 다음과 같다.

"10·27법난은 인권 종교 탄압"
법난진상규명추진위 평민, 민주당과 협의
1988년 12월 10일 주간불교

민주/민주불교회가 철저히 조사 진상규명
평민/「10·27법난 조사특별위원회」구성 가동

「平民黨」

12월 1일 10·27법난진상규명추진위(위원장 송월주)는 평민당(총재 김대중)5공특위 의원들과 협의를 갖고 법난진상규명과 해명 및 사과의 필연성에 뜻을 같이했다.

추진위에서는 위원장 월주 스님을 비롯해 혜성 스님(승가대학장), 성진 스님, 대우 스님, 현수 스님, 현광 스님, 현기 스님, 서동석 민불련 의장 등이 자리했고, 평민당은 김대중 총재를 비롯해 이용희 부총재, 최낙도 5공특위간사가 참석했다.

△월주 스님= 종교는 사회윤리도덕의 근간이며 신자의 정신적 귀의처입니다. 신군부의 군홧발이 도량을 무단으로 난입한 것은 종교탄압이며 스님 및 불교인들을 무더기로 연행, 고문한 것은 인권탄압입니다. 10·27법난은 신군부가 자신들의 정당성을 인정받기 위해 날조한 사건입니다. 당시 계엄사는 불교계를 비리의 온상인 것처럼 매도해 불교계가 받은 충격은 매우 컸습니다. 종교 및 인권을 탄압한 10·27법난은 반드시 척결돼야 합니다.

△김대중 총재= 우리당에서는 「법난조사특별위원회」를 구성했습니다. 이번 추진은 10·27법난 규명을 위해 좋은 계기가 되리라 생각합니다. 진상을 밝히고 사과를 하도록 노력하겠습니다.

△혜성 스님= 특히 보안사의 10·27법난 당시 집행과정에서 여러 가지 문제점이 발생했습니다. 결국 5공을 지지해달라는 성명을 불교가 내지 않고 오히려 악법개폐를 주장하자 저항으로 간주하고 엄청난 교권유린을 자행한 것입니다. 기실 그들이 밝힌 부정축재자금은 노스님들의 약값에 불과합니다. 10·27법난은 역사이래 최대의 불교탄압입니다.

△김대중 총재= 2천5백년 전 철저한 계급사회에서 부처님이 구현

한 일체중생의 평등은 대인권평등선언입니다. 이런 불교사상이 한국에서는 다소 풍화됐다고 봅니다. 평등사상을 실현하기보다는 가진 자의 신앙적 귀의처로 변한 것입니다.

그런 맥락에서, 다소 죄송스러운 표현이지만, 정권이 불교계를 무시했다는 시각도 있습니다.

한편 10·27법난은 신앙의 자유를 침해한 정권에 대해 불교계가 자주선언을 한 자랑스러운 사실이기도 하다. 이제 불교계는 법난의 진상이 백일하에 드러내고 책임자의 사과를 받아내어 새 출발을 해야 할 것입니다. 여기에 우리당도 합치겠습니다. 특히 이를 위해 「10·27법난조사 특별위원회」를 구성하고 있는 중입니다. 법난은 인권문제이므로 제3소위에서 다뤄져야 합니다. 삼청교육대 쟁점 이후 본격 거론될 것이며 그때까지 법난 조사 특별위원회는 활발히 활동할 것입니다.

△서동석 의장대행= 10·27법난을 보안사에서 주도했다는 자료가 최근 새롭게 발굴됐습니다. 조사특위는 보안사 자료에 크게 관심을 가져야 할 것으로 사료됩니다.

△최낙도 의원= 5공특위 활동의 추세로 보아 아무래도 법난은 올해 말이나 내년 초에 본격적으로 다뤄질 전망입니다.

△월주 스님= 혹독한 고문으로 그동안 나설 염두를 내지 못했던 스님들도 법난의 진상규명이 활발해지면 참여할 것으로 기대됩니다. 개인의 명예회복은 물론 불교계의 명예회복이 이번을 계기로 이뤄지길 소망합니다.

「민주당」

○…이에 앞서 10·27법난진상규명추진위원회는 통일민주당(총재

김영삼) 5공특위의원들과 법난에 대해 2시간에 걸쳐 진진하게 대화했다.

이날 추진위에서는 서운 스님, 월주 스님, 혜성 스님, 성진 스님, 대우 스님, 현기 스님, 서동석 의장이 참석했고, 통일민주당에서는 김영삼 총재, 황인섭 부총재, 서석재 사무총장, 백영기 인권위원장, 김동주 의원, 노무현 의원이 자리했다.

△월주 스님= 10·27법난 당시 참고인을 포함해서 문초받은 불교인은 족히 5~6백명이 될 것이며 영장없이 구금된 사람도 2백명을 상회합니다. 이중 고문까지 당한 불교인 1백53명이고 고문 후유증으로 입적한 스님도 계십니다. 추진위가 진상규명을 드러내어 외치면 함께 동참하겠다는 스님들이 속속 나타나고 있습니다.

△혜성 스님= 계엄해제 후에도 5공은 10·27법난과 관련 무고하게 징계당한 스님들의 복권을 방해해왔습니다. 체탈도첩 당한 스님들은 10·27법난 이후 5년의 기간이 지나서야 복권될 수 있었습니다.

△월주 스님= 종교는 윤리와 도덕의 보루이며 신도들의 정신적 귀의처입니다. 종교를 지켜줘야 할 국가가 매스컴을 통해 사실을 날조했습니다. 이 때문에 많은 불자들이 불교에 회의를 느끼고 심지어 개종하기에 이릅니다. 당시 전언통신문의 내용으로 미루어 볼 때 「부정축재금 국고환수」가 목적이 아니었나 싶습니다.

△김영삼 총재= 우리당은 10·27법난 문제를 광주사태 버금가는 사건으로 인식하고 있습니다. 철저히 조사해 진상을 규명하도록 노력하겠습니다.

△서운 스님= 10·27법난을 일으킨 자가 누구인지, 입안자와 지시자를 밝혀내 진상을 정확히 규명해야 합니다.

△김영삼 총재= 당내에 민주불교회가 서석재 총장을 회장으로 하

여 결성돼 있습니다. 민주불교회를 중심으로 10·27법난 문제를 해결하도록 하겠습니다.

△성진 스님= 당시 1백3일 동안 구금돼 있다가 집행유예 선고를 받고 나왔습니다. 일시에 몇 백명의 스님을 고문한 사례는 1천6백년 불교사에 없는 환난입니다. 분신자살 못한 것이 원통스럽습니다.

△노무현 의원= 죄송스러운 표현입니다만, 10·27법난은 5공정권이 불교계를 얕본 결과라고 볼 수 있습니다. 이번에 강력한 힘을 과시해야 군홧발이 법당을 짓밟는 일을 차제에 막을 수 있을 것입니다.

10·27법난 진상규명의 목소리가 커짐에 따라 조계종은 종단차원에서 공식적인 문건을 정부에 전달했다. 조계종총무원장 의현 스님은 1988년 12월 14일 청와대, 문화공보부, 국방부, 보안사령부 등에 「10·27법난에 대한 해명 및 사과」를 촉구하는 공문을 보내고 관계당국의 책임 있는 해명과 사과를 요구했다.

새해를 앞둔 시점에도 불교계의 주된 관심사는 10·27법난의 진상규명이었다. 10·27법난진상규명추진위의 주최로 15개 신도단체 대표들의 간담회가 열리는가 하면, '범국민서명운동'을 전개하겠다는 결의가 불거져 나왔다.

10·27법난 문제가 승가문제에서 전 사부대중의 문제로, 불교계 문제에서 범국민적 문제로 확산되자 급기야 정부가 사태의 수습에 나섰다. 1989년 12월 30일 강영훈 국무총리가 사과담화문을 발표한

것이다. 사과담화문 전문은 아래와 같다.

　　존경하는 불교도 여러분.
　　이땅에 불교가 전래된지도 벌써 1천6백여 星霜이 흘렀습니다. 불교는 우리 역사상 민족문화의 中核으로 한민족의 문화적 긍지를 지탱해 온 정신적 지주였습니다.
　　지금 우리나라는 눈부신 경제발전과 함께 민주화의 大道를 걷고 있으며 이러한 비약이 가능하게된 저변에는 관용과 화합을 실천적으로 전개해온 불교의 기여가 컸음을 우리는 잘 알고 있습니다.
　　이러한 인식에서 지난 1980년 10월 27일 비상 계엄하에서 있었던 불교계 수사로 말미암아 불교도 여러분 및 불교의 自尊에 깊은 상처를 입히게 됐던 점은 실로 유감스러운 일이 아닐 수 없습니다.
　　특히 정밀수사가 진행되기도 전에 그 사실이 수차 언론에 보도됨으로써 성직자들이 일방적으로 매도되고, 나아가 마치 불교계 내부가 비리의 온상인 것처럼 오도된 데 대해서 유감스럽게 생각합니다.
　　또 과잉수사로 인해 귀중한 개인의 인권과 신성한 교권이 침해되고 불교계의 명예와 권익에 적지않은 손상을 입힌 결과를 초래하게 된 데 대하여 죄송스럽게 생각합니다.
　　두말할 나위도 없이 정치와 종교는 서로 다른 영역에서 개인과 국가의 발전을 도모하고 있습니다. 따라서 권력의 부당한 종교계 개입이라는 문제점을 남긴 10.27수사사건과 같은 사계는 다시는 되풀이 되어서는 안될 것입니다.
　　정부는 10.27사건으로 피해를 입은 불교계에 적절한 부상으로 실추된 권익회복 불교발전을 위해 적극적인 지원을 아끼지 않을 것이며,

앞으로 10.27수사사건의 경위를 밝혀 다시는 불행한 일이 생기지 않도록 최선의 노력을 다할 것입니다.

불교도 여러분의 대승적 아량과 폭넓은 이해를 기대합니다.

1988년 12월 30일 국무총리 강영훈

강영훈 총리의 사과담화문 발표이후 불교계는 희비가 엇갈렸다. 기쁨은 국무총리가 불교계와 국민 앞에 공개 사과함으로써 불교의 자존과 명예회복에 조금이나마 도움이 됐다는 점이고, 슬픔은 강 총리의 담화문이 10·27법난에 대한 사과로 보기에는 너무 피상적이라는 점이다.

강 총리의 사과담화문 발표 후 불교계 언론은 앞다퉈 이를 대서특필하면서 이에 대한 칼럼을 지면에 앉혔다. 칼럼의 골자는 강 총리가 사과했다는 사실은 환영하지만 그 내용은 전시적인 차원에 불과했다는 내용이었다. 칼럼들은 또한 향후 10·27법난 진상규명 및 불교계 명예회복이 뒤따라야 한다는 점도 분명히 명기했다.

서동석 의장의 생각도 다르지 않았다. 1989년 1월 12일 법보신문에 실린 서동석 의장의 인터뷰를 보면 이를 잘 알 수 있다. 서 의장은 "강총리의 담화는 극히 선언적이라는 한계를 갖고 있고 지금까지 불교계가 주장해 온 바를 정확히 인식하지 못한 것"이라며 "담화문의 내용을 보면 10.27법난은 정밀수사가 끝나기도 전에 언론이 앞서서 왜곡보도함으로써 국민에 잘못 인식되었다고 책임을 언론에 전가시키고 있다"고 꼬집었다.

서의장은 또 "불교계가 10·27법난의 진상을 규명하려는 것은 언론에 왜곡보도된 사실에 대해 시비를 가리자는 것이 아니라 5공의 탄생과정에서 폭압성으로 인해 초토화된 불교의 명예를 회복시키자는 데 있다"며 "불교계의 명예와 권익에 적잖은 손상을 준 사건을 '적절한 보상' 만으로 해결할 수 있다는 생각하는 것은 5공비리 척결에 대한 국민적 여론의 고양을 제어하려는 정치적 음모의 소산이라고 볼 수 있다"고 힐난했다.

정부의 적절한 보상은 당시 불교계를 유린한 관계자를 색출 처벌한 후의 일이라는 게 당시 서 의장의 굳은 의지였다. 하지만 당시 조계종총무원장이었던 의현 스님의 생각은 다소 달랐던 모양이다. 의현 스님은 정부 각 부서에 보낸 공문에서도 피해보상 요구사항(중앙승가대 4년제 대학 인가, 불교방송 개국 등)을 기재했으며, 1989년 1월 5일 열린 기자회견에서도 "진상규명은 물론 총리가 제시한 대로 보상책에 대해 정부가 최대의 성의를 보여야 할 것"이라며 "불교중흥을 위한 적절한 보상책이 마련되지 않는 한 불교계가 안고 있는 앙금은 풀리지 않을 것"이라고 강조했다. 이같은 사실은 1989년 1월 18일 불교신문을 보면 잘 알 수 있다.

강 총리의 사과담화문 발표 후 정부는 한달 만에 '10·27법난 수사

사건 설명회'를 개최했다. 이날 설명회에는 김충우 합수단장을 비롯해 10·27법난 실무자들이 대거 참석했지만 법난에 대한 진상규명이 명확히 가려지지 않았다.

증인들의 증언은 마치 파스텔화처럼 윤곽이 흐릿해 그 형상을 알아볼 수 없을 지경이었다. 10·27법난 피해자로 참석한 스님들은 분노했다.

그리고 불교계가 그토록 기다리던 10·27법난 관련 국회5공특위 청문회도 성사되지 않았다.

1989년 2월 20일 5공특위는 10·27법난을 공식 안건으로 채택하기로 결의했으며, 이에 따라 1989년 3월 24일 증언청취 청문회를 개최하기로 최종 결정했다. 최종 확정된 피해자 관련 증인은 송월주 스님, 이혜성 스님, 서운월 스님, 이현광 스님, 김회광 스님, 홍성진 스님, 김경우 스님 순이었으며, 입안결정관련 증인은 전창렬, 양근하, 한영수, 김충우, 이학봉 씨였다.

이와 관련 5공특위는 증인이 출석을 불응할 때는 증인불출석으로 처리고발 조치를 취하겠다고 엄포했다.

피해당사자 스님들은 5공특위의 발표에 환영을 표시하면서 3월 16일 영화사에서 대책을 위한 모임을 가졌다.

하지만 불교계 내부의 여론은 나침반의 바늘처럼 극단에 서 있었다. 한국불교종단협의회(회장 서의현)는 국회5공특위와 민정, 평민, 민주, 공화당 등 정당에 10·27법난이 국회청문회로 다뤄지는 것을 원치 않는다는 내용의 공문을 보냈다.

'10·27법난 청산에 대한 협조'라는 제하의 이 공문에는 "10·27법난 치유와 청산에 관련해 더 이상의 정치력이 개입될 때 본의 아니게 종교문제를 당리당략에 이용하려고 한다는 국민적 오해가 있을 수 있다는 것을 우려한다"는 내용이 실려 있었다.

한편 정토구현승가회(회장 청화), 대승불교승가회(회장 송산), 민중불교운동연합(의장 서동석)은 10·27법난에 대해 국회청문회를 통해 올바른 불교위상이 설정돼야 한다는 공동성명서를 발표했다.

불교계 내부 마찰을 빚던 10·27법난 청문회는 결국 무기한 연기되면서 무산되고 말았다. 10·27법난 청문회가 연기된 것은 5공특위 청문회에서 가해자측 증인이 불출석 입장을 밝힌 데다가 불교재야단체의 TV 및 라디오 생중계를 통해 전국민에게 진상을 규명해달라고 요구했기 때문이었다. 이에 앞서 10·27법난진상규명추진위와 청문회에 증인으로 채택된 혜성 스님 등 8명은 1989년 3월 22일 5공특위 위원장 앞으로 보낸 청원서를 통해 △5공특위 여야의원 전원참석 △TV 및 라디오 생중계 △10·27법난 관계자료집 확보 등을 전제로 청문회 연기를 요청했다.

불교계가 10·27법난의 진상규명을 열렬히 원하고 있을 때 법난의 최고 원흉인 전두환은 설악산 백담사에서 은거하고 있었다.

1988년 11월 23일부터 2년 1개월 동안 전두환 씨는 백담사에 머물렀다. 전씨가 백담사에 머무는 동안 불교지도자들은 그를 위해 법회를 집전해주고 각종 편의를 제공해줬다. 전씨가 불교계의 보호 아래 은거하는 사이 10·27법난 진상규명은 다시금 미궁 속으로 빠져들었다.

시간이 흘러 10·27법난의 제2 원흉인 노태우 대통령도 청와대에서 나왔다. 노태우 정권이 이후 국민들의 염원인 민주화는 가속화되었다. 문민정부에서 국민의 정부로, 국민의 정부에서 참여정부로 정부가 수 차례 바뀌었다. 그 과정에서 5공이 남긴 잔재들은 조금씩 청산되었다. 1990년 광주피해자 보상법이 제정됐고, 1993년 김영삼 대통령 특별담화 통해 광주 수습책을 제시했다. 1995년 7월 18일 서울지검은 5.18수사 결과를 발표하면서 '성공한 쿠데타는 처벌할 수 없다'는 요지로 불기소 결정을 내렸다. 이에 국민들의 반발이 크게 일었고, 1995년 11월 김영삼 대통령이 민자당에 5.18특별법 제정을 지시했다. 1995년 11월 30일 12·12 및 5.18사건 특별수사본부가 발족됐다. 1995년 12월 21일 검찰은 전두환과 노태우 씨를 12·12반란혐의로 기소했다. 1996년 8월 검찰에 의해 전두환 씨는 사형이, 노태우 씨는 징역 22년 6월이 구형됐다. 1997년 상고심 선고에서 전두환 씨는 무기징역으로 감형됐다. 1998년 김영삼 정부는 국민대화합 차원에서 전두환, 노태우 씨를 사면했다.

전두환, 노태우 씨는 불교계에서는 자비라는 이름으로, 정치계에서는 국민대화합이라는 이름으로 면죄부를 얻은 셈이다.

1988년 10월 2일 동국대에서 개최된 10·27법난 규명과 책임자 처벌을 위한 불교도 실천대회 모습.

시대가 변했고 정권이 바뀌었지만 서동석 의장이 그토록 바랐던 미륵불의 시대는 도래하지 않았다. 서동석 의장에게 10·27법난은 첫사랑의 기억처럼 아련하고도 아픈 것이었다. 10·27법난 사건 소식을 접하고 그는 두 주먹을 불끈 쥐며 역사의 현장으로 뛰어들리라 결심했다. 그리고 그는 결심한대로 1986년 5·3인천사태에 참가해 옥살이를 하는 등 민중을 위해 살아왔다. 매운 최루탄 가스가 자욱한 거리. 그 거리를 피켓을 들고 뛰어가는 군중들. 이제 더 이상 서울거리에는 구호를 외치는 사람들을 볼 수 없게 됐다. 하지만 서씨의 가슴에는 여전히 1980년대 풍경들이 문신처럼 각인되어 남아 있다. 용화세계, 이 네 글자가 바로 서동석 의장이 바라는 바이고, 의식 있는 불자들이 원하는 세계이다. 물론, 용화세계로 가기 위한 첫걸음은 10·27법난 진상 규명이 되어야 할 것이다. 10·27법난을 전후한 민불련의 활동 상황은 아래와 같다.

민불련 주요활동 일지

· 1985년 5월 4일 창립 여익구 의장 선출.

· 1986년 5월 9일 5.3인천사태 관련 서동석 집행위원장 구로서에 연행.

· 1986년 5월 12일 여익구 의장과 진철승 문화부장 공개수배.

· 1986년 5월 15일 불재법 철폐성명.

· 1986년 9월 7일 해인사전국승려대회 후 9월 16일까지 개운사 농성에 참여.

· 1986년 10월 26일~27일 10 · 27법난 규탄 및 불교자주쟁취대회 개최.

· 1987년 3월 1일 부천 석왕사에서 고문추방결의대회.

· 1987년 3월 3일 故박종철군 영가 49재 봉행위원회 노상 약식천도재 거행.

· 1987년 4월 10일 조계종총무원의 승가대 직영철회 노상 약식천도재 거행.

· 1987년 4월 12일 2차총회 고광진 씨를 새회장으로 선출.

· 1987년 4월 30일 '4.13 특별담화에 대한 입장' 발표, 철회촉구.

· 1987년 5월 5일 불교악법철폐 성명.

· 1987년 5월 31일 '광주 원각사 경찰난입 및 불교탄압 규탄 불교도 대회' 개최.

· 1987년 6월 30일 국민운동본부결성 6.10대회 참가.

· 1987년 9월 7일 불교자주화, 사회민주화를 위한 대토론회서 정치토론회 주관.

· 1987년 10월 24일 10 · 27법난 규탄 및 군사 독재종식 결의대회.

· 1987년 11월 6일 봉은사 사태 규탄 위한 '매종폭력승 규탄 및 정법수호 결의대회' 개최.

· 1987년 11월 24일 민주쟁취 전국불교 공동위 명의 공정선거 감시 불교본부 발족.

· 1988년 1월 고광진 의장 평민당 입당의사 밝힌 후 사퇴. 총회준비위 체제로 운영. 위원장에 서동석씨 선출.

· 1988년 3월 5일 여익구 전의장의 수배해제 및 양심수 전원석방 촉구 성명. 전국민중생존권 대책위 참여.

· 1988년 5월 중순 서동석 부의장 서민투련 사무처장으로 참여.

· 1988년 8월 2~3일 5공특위에 10 · 27법난 사건 의제 채택 및 진상규명 위한 민주당과 평민당과 교섭, 농성.

· 1988년 8월 27일 우란분절 '생명해방 대축제'.

· 1988년 10월 15일 불교탄압사례보고 및 여익구 씨 석방촉구 기원법회.

· 1989년 1월 민가협과 백담사서 전두환 전 대통령 심판촉구 시위.

· 1989년 5월 14일 망월동 참배.

· 1989년 7월 1일 여익구 전 의장, 서동석 의장 등 간부 5명 국보법위반

혐의 구속.

· 1991년 2월 28일 자체회의에서 해소키로 결의.

· 회지 『민중불교』 1~5호 발행

· 기관지 『민중법당』 1~16호, 호외 1회 발행

· 10 · 27법난 자료집 발행

· 9 · 7해인사승려대회 자료집 발행

· 불교관계악법 자료집 발행

7

어디서 무엇이 되어
다시 만나랴

7. 어디서 무엇이 되어 다시 만나랴
― 풀리지 않는 악연의 매듭

    2005년 8월 23일 한국일보 송현클럽에서 열린 '10.27법난 피해자 증언보고회'에서 삼보 스님은 증언보고를 하다말고 돌연 10·27법난의 상흔을 보여주겠다며 상의를 벗었다. 기자들은 삼보 스님의 몸에 고문의 상처가 남아있는 줄 알고 카메라를 들고 삼보 스님 앞으로 발빠르게 뛰어갔다. 삼보 스님은 결연한 의지의 표정을 지었다. 그리고, 미리 준비한 칼을 꺼내 복부를 긋기 시작했다. 할복이었다. 삼보 스님이 보이고자 한 것은 몸에 남은 상처가 아니라 영원히 지워지지 않는 가슴의 상처였던 것이다. 삼보 스님의 복부에는 피가 흥건히 맺혔다. 보고회장의 참석자들이 앞다퉈 스님의 팔목을 잡았다. 다행이 목숨에 지장은 없었지만 이날 사건으로 스님은 50여 바늘을 봉합해야 하는 대수술을 해야 했다. 삼보 스님이 불살

삼보 스님의 할복. 2005년 8월 23일 열린 10·27법난 피해자 증언보고회에서 삼보 스님이 '10·27법난 진상규명의 시급성'을 주장하며 할복했다.

생을 지켜내야 하는 스님의 신분으로서 굳이 할복을 단행해야 했던 이유는 무엇일까?

삼보스님은 할복 직전 "10 · 27법난이 일어난 지 25년이 됐는데도 전혀 규명이 되지 않았다"며 "10 · 27법난 진상규명을 위해 열린 피해자 증언보고회에 이렇게 사람들이 참석하지 않아서야 되겠냐"고 감정이 복받친 목소리로 불교계의 무관심한 태도를 비판했다.

스님은 또, "국민의 정부에 이어 참여정부까지 들어선 마당에 군부독재에 의해 발생한 헌정사상 초유의 종교탄압 사건인 10 · 27법난 문제를 해결하지 못한다는 게 말이 되냐"며 10 · 27법난 규명에 대한 정부의 강경한 의지를 촉구했다.

삼보 스님이 보고회 선단에 오를 때 머릿속에 불현듯 스쳐간 것은 수행자의 삶을 산산 조각낸 한 사람의 얼굴이었다.

삼보 스님이 연행된 곳은 강원 횡성 보광사였다. 삼보 스님이 보광사에 간 것은 1980년 10월 25일이었다. 당시 스님은 보광사에서 머물면서 수행을 하고 있었다. 10월 27일 새벽 미명이 밝아오는 고즈넉한 산사의 적요를 깨운 것은 군홧발 소리였다.

삼보 스님은 막 아침공양을 들려고 준비를 하고 있을 때 가죽점퍼 차림의 건장한 사내들이 스님을 에워쌌다. 한 사내가 호주머니에서 지갑을 꺼내 형사증을 보이면서 말했다.

"지금 이 사찰에 삼보 스님이 머물고 있죠?"

성정이 대쪽 같았던 지라 스님은 낯선 사내들의 출현에 아랑곳하지 않았다. 스님은 사내들을 훑어보고는 대수롭지 않게 대답했다.

"내가 삼보요."

"지금 횡성경찰서에 이북에서 내려온 간첩이 한 명 검거됐습니다. 그런데, 그 간첩이 스님과 접선을 했다고 주장하고 있으니 대질심문을 위해 잠시 서에 출두하셔야겠습니다."

스님은 들던 수저를 밥상 위에 내려놓았다. 간첩이 자신과 접선을 했다고 주장했다는 것이 납득이 가지 않았지만, 사내들의 말 자체를 의심하지는 않았다. 강원도는 북한과 인접해 있어 곧잘 공비가 출현했기 때문이다.

사내들을 따라 2킬로미터쯤 내려왔을 때 스님은 자신의 눈을 의심했다. 무장한 군인들이 사찰입구를 차단한 채 경계태세를 갖추고 있었다. 군인들은 만약 자신이 도주할 경우 언제든지 방아쇠를 당길 수 있도록 실탄을 장전한 상태였다.

사내들의 지시에 따라 스님은 지프차에 올라탔다. 스님이 올라타자마자 사내들은 스님의 팔을 꺾었다. 지프차는 횡성경찰서에 서지 않고 계속 질주했다. 지프차가 정차하자 사내들은 스님을 어두컴컴한 취조실로 끌고 갔다.

스님 앞에는 낡은 군복 한 벌과 고무신 한 짝이 놓여 있었다.

"빨리 갈아입어."

스님은 위압적인 어조로 명령하는 군인들을 살펴봤다. 군인들의 눈빛에서는 살기가 느껴졌다. 혹시 박 대통령이 서거한 사이를 틈 타 북한군이 쳐들어온 것은 아닐까? 스님은 군인들을 살펴보면서 생각했다. 그렇지 않고서는 수행자인 내게 저렇게 대할 리 없다. 스님이 늑장을 부리자 군인들이 윽박을 질렀다.

"이런 개새끼. 뭘 꾸물거려."

하루 종일 군인들은 스님에게 먹을 것을 주지 않았고, 저녁 9시가 되자 원주경찰서 유치장으로 데리고 갔다. 스님은 한 데서 웅크리고 새우잠을 자야했다. 새벽 5시가 되자 군인들은 다시 스님을 취조실로 데리고 갔다.

군인들은 스님을 간첩혐의로 몰아갔다. 그 근거로 1973년에 포니2 자가용을 사서 은사스님인 탄허 스님에게 드린 것을 들었다.

"간첩들과 접선하면서 김일성한테 돈을 받았지."

군인들은 먼저 돈의 출처를 물었다. 삼보 스님은 월남전에 참전했다가 부비 트랩을 밟아 의가사 전역을 했기 때문에 원호청(현재 국가보훈처)으로부터 적지 않은 보상금을 받았다. 자가용은 그 보상금으로 산 것이었다. 군인들은 조사 과정 내내 구타를 자행했다. 몽둥이로 머리를 때리는가 하면, 물을 코에 들이붓기도 했다. 고문후유증은 심각했다. 조사를 받고 유치장으로 옮겨가면 머리가 백지가 된 것처럼 아무 기억이 나질 않았다. 언젠가부터 오줌 속에 피가 섞여 있었다. 혈뇨였다.

견딜 수 없는 고통에 스님은 항의를 하기도 했다.

"왜 불교만 탄압하느냐? 수천년을 이어온 민족종교 지도자를 이렇게 탄압해도 되느냐?"

군인들은 비아냥거리듯 대꾸했다.

"임마. 걱정하지마. 며칠 후면 신부도 수녀도 목사도 모두 끌고 와 족칠 테니까."

온갖 폭언과 고문에도 스님은 의지를 꺾지 않고 간첩혐의에 대해 강력히 부인했다. 확인결과 돈의 출처가 국가로부터 받은 것이라는 사실을 확인하자 군인들은 매우 난처한 기색이 역력했다. 고문으로도 말을 듣지 않자 군인들을 스님을 군법당으로 데려가 강제로 부처님과의 고별선서를 시켰다.

"다시는 승복을 입지 않겠습니다. 다시는 절에 들어가지 않겠습니다. 다시는 다른 승려를 만나지 않겠습니다.……"

열 개 항목을 외우면서 스님은 어금니를 앙다물었다. 승려에게 승복을 벗으라는 것은 곧 사형선고와 같은 것이었다. 부처님과의 고별선서를 마치자 계엄군은 스님을 비리승려로 매도하여 삼청교육대에 보냈다.

스님이 삼청교육대에 끌려간 것은 12월 4일이었다. 삼청교육대의 교육기간은 4주였다. 스님은 교육을 받는 내내 하루 종일 낮은 포복을 하며 흙탕물을 기어 다녀야 했다. 그곳에서는 더 이상 화랑훈장을 받은 참전용사도 아니었으며, 수행자도 아니었다.

삼청교육대를 마치고 나와도 상황은 마찬가지였다. 이미 스님은 체탈도첩이 되어 수행자의 길을 걸을 수 없었다. 부처님과의 고별식 때 선서를 한 대로 삼보 스님은 승복조차 입고 다닐 수 없었다. 스님에게 고문으로 만신창이가 된 몸보다 수행자의 길을 걸을 수 없다는 현실이 더 아팠다. 1982년 6월부터 스님은 가사 장삼을 수할 수 있었다. 그리고, 1984년 조계종총무원장 녹원 스님의 취임식 때 종정 성철 스님의 특별 사면으로 징계가 풀렸다. 아무런 이유도 없이 체탈도첩되어 지내야 했던 기간이 무려 1천4백22일이었다.

월남전에 참전한 바 있는 삼보 스님은 누구보다도 군의 지휘체계를 잘 알고 있었다. 10·27법난이 누구의 지시에 의한 것이었는지 스님은 명약관화하게 인지하고 있었던 것이다. 때문에 한국불교 역사 이래 유례없는 법난을 일으킨 장본인을 용서할 수 없었다. 스님이 10·27법난의 원흉을 다시 만난 것은 1990년 8월이었다. 전두환 전 대통령은 백담사 은거생활을 마치고 부처님 진신사리가 모셔져 있는 5대 적멸보궁을 참배하려고 했다. 이때 5대 적멸보궁 중 하나인 법흥사의 주지가 바로 삼보 스님이었다. 삼보 스님은 이 소식을 듣고 전두환

씨의 수행비서측에게 말했다.

"전두환 씨와 나는 무척 인연이 깊소. 그가 일으킨 10·27법난 때문에 나는 삼청교육대까지 끌려가야 했습니다. 그러니까 행여 법흥사에 온다면 좋지 못할 것입니다."

삼보 스님의 저지로 결국 전씨의 5대 적멸보궁의 계획은 무산이 되고 말았다. 피해자와 가해자의 악연이 이어진 것은 비단 삼보 스님뿐만은 아니다.

10·27법난으로 인해 조계종총무원장직을 사퇴해야 했던 월주 스님도 1998년 사석에서 전두환 씨를 만났다. 당시 전씨 부부는 조계사에서 백일기도를 드리고 있었고, 월주 스님은 조계종총무원장으로서 종단 살림을 총 책임지고 있었다. 전씨 부부의 백일기도 소식을 듣고 월주 스님은 전씨 측근에게 잠시 들를 것을 요구했다. 이날 만난 자리에서 월주 스님은 10·27법난의 지시여부를 물었다.

"10·27법난이 일어난다는 사실을 미리 알고 있었습니까?"

전씨는 난색을 표하면서 어렵게 입을 열었다고 한다.

"백담사에 머물 때 불교정화라는 이름으로 불교를 탄압했다는 사실을 알았습니다."

월주 스님은 화가 났지만 불편한 심기를 가다듬고 다시 물었다.

"당시 모든 일간지들이 대서특필했는데 국가의 수장이 그 사실을 몰랐다는 게 말이 됩니까?"

월주 스님의 물음에 전씨는 변명하듯 대답했다.

"대통령으로서 국책을 펼치는 데 있어 실무자들의 실책을 꼼꼼히 챙기지 못한 점 뒤늦게나마 사과드립니다."

끝까지 전씨는 자신의 책임을 회피했다.

수사 당시 직접 취조를 한 가해자들과 맞닥뜨린 경우도 있다. 혜성 스님은 조사를 맡았던 김영 씨와 다시 만났다. 김영 씨가 용서를 구하기 위해 스님을 찾아왔던 것이다.

10·27법난으로 인해 무고하게 공직을 박탈당하고 집행유예 형까지 선고 받은 한영수 씨도 1986년 자신을 고문했던 이와 조우했다. 당시 한영수 씨는 다시 복권되어 독립기념관 사무처장으로 근무하고 있었다. 대전의 한 식당에서 한영수 씨는 자신을 고문하고 협박했던 한길수 씨를 만났다. 멀리서 봤지만 대번 그를 알아볼 수 있었다. 잊어버리고 싶은 기억은 더욱 선연하게 떠오르는 것일까? 한길수라는 이름은 초등학교 5학년 때 불의의 사고로 죽은 동생의 이름이기도 했다. 동생은 죽고 자신만 살아남았다는 생각 때문에 늘 부채의식을 안고 있었던 이름. 그 동명이인의 사람에게 한영수 씨는 고문을 당했던 것이다.

한길수 씨를 다시 만났을 때를 한영수 씨는 이렇게 회고했다.

"시계 시침이 멎은 것 같더군요."

가해자들과의 악연을 경험한 10·27법난의 피해자들의 심정은 하나같이 악몽을 꾼 것 같았다고 한다. 두려운 심정으로 떠올리기 싫은 기억을 더듬어야 하는

10·27법난의 최고책임자 전두환 전 대통령이 조계종총무원장 법장 스님의 영결식으로 향하는 모습.

10·27법난의 피해자들. 10·27법난의 진상규명과 불교계 명예회복이 이뤄지지 않는 한 이 끊이지 않는 악연의 굴레는 계속될 것이다.

새 역사 창조를 위해 과거사 청산의 목소리가 높은 지금 참여정부가 가장 염두에 둘 일은 상생相生을 위해서는 해원解寃이 선행되어야 한다는 사실이다. 그렇지 않는 한 군부독재의 폭압에 의해 목탁조가 된 스님들의 슬픈 노래는 끝을 맺지 못할 것이다.

부록 1

10·27법난 주요 피해자 인터뷰

전 조계종총무원장 월주 스님

"전두환 지지성명 거부하자 신군부 표적수사"

△10·27법난이 왜 일어났다고 보는가?

— 정통성 없는 정권의 지지기반을 확고히 하기 위해 불교를 희생양을 삼은 것이라고 본다. 당시 신군부에 고분고분하지 않았던 내 자세도 법난의 동기가 됐다고 본다.

△전두환 지지성명을 반대한 까닭은?

— 보안사령부 소속 이현식 씨가 자신을 찾아온 일이었다. 방문 이유는 조계종총무원의 명의로 전두환 장군의 대통령 당선지지 성명을 내달라는 것이었다. 광주를 피로 물들이고 집권한 신군부의 정당성을 인정할 수 없었다. 청을 들어주지 않자 이현식 씨는 조계종총무원장 개인 명의가 힘들다면 조계종총무원 명의로라도 지지성명을 내달라고 부탁했다. 조계종총무원장 개인 명의가 힘들다면 조계종총무원

명의로라도 지지성명을 내달라는 게 이씨의 부탁이었다. 정교 분리의 원칙을 들어 정중히 거절했다. 전두환 장군 대통령지지 성명발표 거부는 조계종의 한국불교총연합회와 전한국불교회의 탈퇴와도 직결되는 문제였다.

조계종총무원은 1980년 7월 21일 종무회의를 통해 각종 불교행사는 총무원이 주최하고 전국신도회가 주관하며 동국대를 주축으로 하는 종립학교와 신행단체들이 후원하기로 의결했다. 이에 따라 종단은 대한불교총연합회와 전한국불교회 등의 연합적인 성격을 띤 단체에 관여하거나 참여하지 않기로 결정했다.

당시는 전국 곳곳에서 전두환 장군의 대통령지지 성명을 발표하던 때였다. 전 사회적으로 지지성명를 발표하지 않은 단체는 조계종과 천주교뿐이었다.

△5·18 현장 방문 경위는?

— 조계종총무원이 처음으로 광주민주화항쟁의 지원책을 논의한 것은 1980년 5월 30일 열린 확대간부회의에서였다. 이어 6월 2일 직할 사암 주지 및 각급 산하단체 장 회의를 갖고 광주 시민돕기 대책본부(본부장 월주)를 설치했다. 내가 광주 현장을 방문한 것은 6월 6일이다. 나는 광주에 방문해 정시채 전남지사, 소준열 계엄사 분소장 등을 만났고, 조계종총무원에서 출연한 지원금과 각 사찰 모금액 2백

만원을 부상자 입원병원에 전달했다. 이어 광주 증심사에서 무고하게 희생된 영령들의 천도제를 지내려 했으나 소준열 장군이 반대해 위패만 봉안했다. 당시 광주를 내려가기까지도 우여곡절이 많았다. 광주로 떠난다는 소식을 듣고 종로경찰서장이 찾아와 이를 극구 만류했다.

△10·27법난을 누가 일으켰다고 보는가?
— 수사관들이 수사를 마친 후 서류를 합수본부와 청와대로 보고할 것이라는 얘기를 들었다. 1998년 전두환 씨를 사석에서 만난 적이 있다. 전씨 내외가 조계사에서 백일기도를 드리고 있을 때였다. 전씨가 "10·27법난 사건의 실상을 백담사에 가서야 알았다"고 말했다. 내가 "중앙일간지에서 몇 달씩 떠들어댔는데 모를 수 있냐"고 반문했다.

△문공부의 지시에도 자체정화를 응하지 않은 까닭은?
— 문공부 차관 주재로 종교단체 대표를 모아놓고 종교단체 정화지침서를 준 적이 있다. 나는 갈마정신과 율장정신에 입각해 정화를 해야 한다고 생각했다.

전 대각사 주지 경우 스님

"구금 당한 채 재산포기 강요"

　10·27법난 당시 부정축재 자금(2백억6천만원)의 90% 이상을 차지한 것은 경우 스님이었다. 계엄사는 경우 스님의 부정축재 자금이 1백77억9천8백만원이라고 발표했다. 하지만 이는 대각사 등 화쟁교원의 토지를 시가로 환산한 금액이었다.

　경우 스님은 10·27법난 당시 연행되어 개인횡령 혐의에 대해 조사를 받던 일을 어제 일처럼 똑똑히 기억했다.

　"조사관들이 '불교 전반적인 비리가 한 50건 되는데 그 50건 중에 대부분이 나한테 관계된 것이다'며 협박을 하더군요. 대체적으로 돈 문제를 물었습니다. 대각사 부지를 당시 시가로 계산해 내가 착복한 것처럼 몰아가더군요. 그래서 대각사는 재단법인 화쟁교원의 재산이라고 강력히 주장했지만 소귀에 경 읽기였습니다."

　당시 계엄군은 경우 스님에게 재산포기 각서에 서명할 것을 종용했다고 한다.

"당시 계엄군은 불교계에서 나온 돈을 국고로 환수할 방침을 세우고 있었습니다. 하지만 나는 계엄군의 뜻에 따를 수 없었습니다. 만약 재산포기 각서에 서명한다면 내가 공금을 횡령한 것을 인정한 것이 되기 때문이었습니다. 또, 그 돈의 향방이 어떻게 흐를 지 알 수 없는 가운데 불교재산을 국가에 헌납한다는 것은 결국 독재정권을 확고히 하는 결과를 초래할 것이라는 생각이 들었습니다. 그래서 저는 온갖 회유와 협박에도 화쟁교원의 재산형성과정이 조금도 위법적이지 않았다는 사실을 들어 완강히 맞섰습니다. 심지어 재산포기를 강요하는 수사관들에게 '정부가 그렇게 가난하냐'고 조롱하기도 했습니다."

경우 스님은 이어 신군부가 10·27법난을 일으킨 동기에 대해 설명했다.

"전두환 정권이 쿠데타 정권이라는 사실은 온 국민이 다 아는 사실이 아닙니까? 당시 국보위의 사회정화 사업들은 사실 국민들에게 조금이나마 지지를 받기 위해서 한 짓입니다. 일종의 '명분 세우기'라고 볼 수 있습니다."

경우 스님은 10·27법난의 최고 피해로 불교계 위상 저하를 꼽았다.

"10·27법난으로 한국불교는 몇 십 년을 후퇴했습니다. 불교계가 비리의 온상인 것처럼 낙인이 찍힘에 따라 개종을 하는 이들이 줄을 이었습니다. 이는 대각사 신도수가 급격히 줄었던 것만 봐도 잘 알 수 있습니다."

전 보문사 주지 정수 스님

"사진 증거로 사음행위 날조"

10·27법난 당시 보문사 주지였던 정수 스님은 고문 후유증으로 손을 바들바들 떨면서 말문을 열었다.

"다짜고짜 보안대장인 모 중위가 조사할 게 있다고 헌병대로 끌고 갔습니다. 그리고는 '50억을 숨겨 뒀다는 얘기를 들었다'며 바른 대로 말하라고 윽박을 질렀습니다. 목수들하고 석공들 줬기 때문에 내가 가진 돈은 없다고 말했습니다. 계속해서 묻길래 하도 어이가 없어서 50억이 있으면 찾아서 갖고 5억만 달라고 했습니다."

개인횡령 혐의가 없자 계엄군들은 사음행위로 방향을 선회해 우격다짐식으로 수사를 진행했다고 한다.

"뒤져봐도 예금통장 하나가 가진 게 없으니까 여자문제를 묻더군요. 내 책상을 뒤졌는지 연예인 사진을 증거로 제시하면서 이들과 무슨 사이냐고 다그쳤습니다. 연예인들은 모두 나를 아버지처럼 따르던 이지호라는 재가자의 소개로 몇 번 만난 이들이었습니다. 그저 사진만 함께 찍었을 뿐인데 그걸 빌미로 사음행위를 한 것으로 날조를 했습니다."

조사를 받는 내내 정수 스님은 갖은 구타와 고문을 당했다고 한다.

"처음에는 각목으로 어깨를 내려치더군요. 그래도 자신들이 원하는 대로 대답을 않자 물고문을 하더군요. 물 주전자에다가 고춧가루 3컵, 후추가루 1컵, 빙초산 한 병을 넣더니 그걸 얼굴에 들이붓더군요. 물고문으로도 말을 듣지 않자 전기고문을 자행했습니다. 양 손목과 양 발목에 테이프로 붙인 후 전기를 돌리는데 정말이지 지옥이 따로 없더군요. 처음 당할 때는 죽기밖에 더하겠냐 싶었는데 몇 차례 까무러치고 보니까 그저 죽고싶은 생각밖에는 안들더군요."

정수 스님의 증언에 따르면 심지어 계엄군들은 5일 동안 잠도 안 재우고 수사를 했다고 한다. 결국 계엄군들은 애초 짜놓은 시나리오대로 정수 스님이 여자 탤런트들과 사음행위를 벌이는 파렴치범으로 몰아갔다. 수사를 받은 후 스님은 안양교도소로 이송되어 1달간 수감생활을 해야 했다.

고문후유증으로 스님은 아직도 비가 오면 온몸이 쑤셔 거동조차 불편하다고 털어놨다.

전 도선사 주지 혜성 스님

"고문후유증으로 탈장수술 받아"

"1980년 10월 27일 새벽 아침공양을 하고 있는데 군인들이 들이닥쳤습니다. 그들이 끌고 간 곳은 합수단 수사 3국입니다. 가사 장삼을 벗고 죄수용 군복으로 갈아입은 후 계속해서 취조를 받았습니다. 취조과정 내내 그들은 구타를 서슴지 않았습니다."

혜성 스님은 10·27법난 당시 서슬 퍼런 고문을 떠올리면서 진저리를 쳤다.

혜성 스님은 또 "육체의 물리적 가격을 받은 것도 뼈아픈 것이지만 이 새끼, 저 새끼 욕설을 퍼부으며 뺨을 때리는 것은 마음에 멍이 들게 했다"고 덧붙였다.

혜성 스님은 "수사는 주로 도선사와 청담학원의 재산관계였다"며 "합수단은 17억 5천만원을 횡령 축재했다고 수사결과를 발표하면서 '낮에는 주지이고 밤에는 요정을 경영했다' 고 날조해 보도했다"고 성토했다. 합수단이 요정이라고 일컬은 것은 바로 학교법인 청담학원의 구내식당이었다.

혜성 스님은 "고문 후유증으로 수사를 받고 나오자마자 병원에 입원했다"며 "병원에서 우서해부 탈장 등 3개월의 진단을 내렸다"고 회고했다. 스님은 잦은 구타로 인해 탈장수술을 받아야 했다.

10·27법난으로 혜성 스님은 도선사 주지직과 조계종총무원 사회부장직에서 강제로 물러나야 했다. 복지와 청소년 포교에 앞장서며 사찰경영의 귀감이 되어왔던 터라 스님에게는 체탈도첩의 조치가 너무도 뜻밖의 일이었다.

한편 수사 당시 혜성 스님이 가지고 나온 '전언통신문'은 나중 10·27법난이 국보위에 의해 자행된 사건이라는 주요한 증거자료가 되었다. '전언통신문'에는 '합수'와 '45계획'이라는 단어가 적혀 있어 국보위의 지시로 합수단에서 10·27법난을 계획적으로 일으켰다는 것을 알 수 있다.

혜성 스님은 고문의 후유증으로 협심증과 관절염을 앓고 있어 거동이 불편한 상태다.

혜성 스님은 10·27법난 당시 심정을 시로 옮겨 써 귀중한 자료가 되고 있다. 시편들은 10·27법난의 부당함을 고발한 것으로 당시 스님의 절절한 심정이 담겨 있다.

전 상원사 주지 삼보 스님

"간첩죄로 몰아 삼청교육대 입소조치"

2005년 8월 23일 한국일보 송현클럽에서 열린 '10·27법난 피해자 증언보고회'에서 삼보 스님은 증언보고를 하다말고 돌연 10·27법난의 상흔을 보여주겠다며 할복을 했다. 얼마나 가슴의 상흔이 깊었으면 25년이 지난 시점에서 불살생의 계를 지켜야 하는 수행자가 할복까지 한 것일까?

삼보 스님이 연행된 곳은 강원 횡성 보광사였다. 10월 27일 새벽 삼보 스님은 막 아침공양을 들려고 하다가 낯선 사내들에게 끌려갔다.

계엄군들이 중점적으로 물어본 것은 터무니없게도 간첩혐의였다. 그 근거로 삼보 스님이 1973년에 포니2 자가용을 사서 은사스님인 탄허 스님에게 드린 것을 들었다. 삼보 스님은 월남전에 참전했다가 부비 트랩을 밟아 의가사 전역을 했기 때문에 원호청(현재 국가보훈처)으로부터 적지 않은 보상금을 받았다. 자가용은 그 보상금으로 산 것이었다. 군인들은 조사 과정 내내 구타를 자행했다. 몽둥이로 머리를 때리는가 하면, 물을 코에 들이붓기도 했다. 고문후유증은 심각했다. 조사를 받고 유치장으로 옮겨가면 머리가 백지가 된 것처럼 아무 기억이 나질 않았고, 혈뇨를 봐야 했다. 온갖 폭언과 고문에도 스님은 의지를 꺾지 않고 간첩혐의에 대해 강력히 부인했다. 확인결과 돈의 출처가 국가로부터 받은 것이라는 사실을 확인하자 군인들은 매우 난처한 기색이 역력했다. 고문으로도 말을 듣지 않자 군인들을 스님을 군법당으로 데려가 강제로 부처님과의 고별선서를 시켰다.

결국 삼보 스님은 삼청교육대에 끌려가 짐승같은 대우를 받아야 했다. 삼청교육대를 나왔을 때 스님은 이미 체탈도첩이 되어 수행자의 길을 걸을 수 없었다. 1984년 조계종총무원장 녹원 스님의 취임식 때 종정 성철 스님의 특별 사면으로 징계가 풀렸다.

삼보 스님은 10·27법난 진상규명과 관련 "국민의 정부에 이어 참여정부까지 들어선 마당에 군부독재에 의해 발생한 헌정사상 초유의 종교탄압 사건인 10·27법난 문제를 해결하지 못한다는 게 말이 되냐"며 10·27법난 규명에 대한 정부의 강경한 의지를 촉구했다.

전 문공부종무관 한영수 씨

"정교분리 주장했다고 뇌물수수 혐의 조작"

문공부종무관이었던 한영수 씨는 10·27법난 수습을 위해 노력하다가 공직을 박탈당하고 뇌물수수 혐의로 몰려 집행유예형을 언도받아야 했다.

"불교계 정화라는 미명아래 자행됐지만 10.27사건은 분명한 법난이었습니다. 저는 정교분리의 원칙을 들어 자체정화를 주장했습니다. 하지만 계엄당국은 체포된 스님들을 풀어줘야 한다는 제 주장에 조금도 귀 기울이지 않았습니다. 궁리 끝에 원로회의를 개최할 것을 제의했다. 석주스님 등이 참석한 가운데 열린 원로회의에서 종회를 열 것을 강력히 주장했고, 그 결과 저는 서빙고로 끌려가게 되었습니다."

보안사는 한씨를 연행한 후 분규 배후 조종자로 몰아갔다. 그 근거로 대한불교진흥원의 지원금 관련 공문을 들었다. 한씨의 자백을 받아내기 위해 계엄군은 물고문과 전기고문 등을 자행했다. 한씨가 회고하는 계엄당국의 고문방법은 그야말로 악랄했다.

"고추가루 탄 물을 코에 들이붓는가 하면 주사기를 들고 골수를 빼내겠다며 협박하기도 했습니다. 열흘동안 고문을 당한 후 그는 내보내주겠다는 말에 현혹돼 진술서에 서명을 했습니다. 진술서 내용에는 2백17만원의 뇌물을 받은 것으로 되어 있더군요."

결국 그는 구치소에서 수감돼 있으면서 재판을 받았다. 구형에서는 5년형이 선고됐으나 2심 재판까지 간 끝에 그는 징역 8개월 집행유예 1년형을 받고 풀려났다. 무고함을 증명하기 위해 대법원 판결까지 가려고 했지만 담당 변호사가 이를 만류했다. 다행이 문공부 동료 직원들이 2차에 걸쳐 모금액을 전달해줬다. 삼엄한 계엄령 치하에서 동료직원들이 모금을 해줬다는 것만으로도 그의 무고함은 증명되는 것이다.

부록 2
혜성 스님의
10·27법난 시집

(※ 편집자 주 : 이 시는 10·27법난 당시 쓴 혜성 스님의 옥중일기에 기록된 것을 상좌 도신에게 맡겨져 보관되어 이번에 처음으로 공개하게 됨.)

감옥

나는 달아나려고 발버둥치고
수많은 사람이 잡으려고 온통 난리다.
살기로 죽기로 잘했다고 한들
죽기로 살기로 못했다고 야단이니
어떻게 해야 조화를 이루고 다 좋을손가.
누가 죽고 어느 누가 산들 별 수 없고
네 탓 내 탓 아무리 한들 무슨 이익이 있으리까.
잘하고 못함이 또한 깨친 근본이 없는데
거기에 잘잘못이 있으리까.
그래도 시비를 기리려 한다니
그곳에 법이 서고 감옥이 존재한다.
부처는 법도 감옥도 다 없애라 하였건만,
중생이 스스로 법이다 감옥이다
공연히 망상 피워 시시분별 구별하네.
나는 우주의 큰 감옥에서 자유로이 뛰놀다가
타의로 작은 감옥에 들어왔소.

이곳이 지옥인가 꿈인가 생시인가.

부끄럽고 한없이 괴로워 어이하리까?

내 큰 죄 지었다니 발 벗고 참회하자.

들어왔으니 언젠가 나갈 날이 있으리.

중생이여, 업으로 태어났으니

죄 없는 자 그 누구냐?

여기가 사바인데 깨끗한 자 어찌 올까.

이 감옥에서 불보살님께 예경하면 외면하지 않으리.

성불하면 감옥도 극락이요 구속도 자유며 어느 누가 구속하리.

어서 발심하고 정진하여 이 감옥 저 감옥 모두 타파하여

감옥 없는 극락세계, 우리 모두 천 년 만 년 살고 싶소.

아파 죽겠어요

여보! 선상님! 아프고 한없이 아파요. 잘못했어요 정말 잘못했어요.

아프고 쑤시고 아프다오

아무리 빌어도 자꾸 왜 이러세요. 제발 이러지 마세요.

내가 죽을께요. 정말 맞아 죽고는 싶지 않아요.

아무리 아프다고 소리질러도 소용이 없다.

참고 참고 견디다 못해 또 죽을 힘을 다해 비명의 소리를 질러본다.

그럴수록 가해오는 채찍은 더 더욱 더해온다.

나를 마치 돌덩이 쇳덩어리로 알고 치고 또 족친다.

살지 못하도록 아니 죽지 않을 만큼 때리고 치며 계속 고문질한다.

아제 아프다 못해 아프다는 말도 끊어졌다.

아직 살아 있으니 아픈 것이지 죽으면 아플 수 있을까?

정말 그 아픔을 참다못해 기절을 했다.

생각하니 우리 부모님께도 항상 잘한다고 칭찬을 들었고,

내 스승에게도 별로 꾸중같은 것을 아니 들었건만

무슨 과보로 이렇게 요모양으로 비참하게 당해야만 하나?

나를 못 살게 구는 이들도 다같은 내 동포요,

알고보면 한 핏줄 한 형제인데

내가 이 나라에 무슨 배반을 하였단 말이냐?

전생에 무슨 과보로 이렇게 말못할 고통을 받아야 한단 말인가?

정말 우리 부처님이시여!

진정 억울하고 억울하외다.

자비하신 부처님이시라더니 부처님도 너무하시구려!

제가 부처님 일밖에 한 것이 무엇입니까?

나는 이 사바 이 세상에 살고 싶지 않소이다.

지옥이 무섭고 괴로운들 이보다 더 지독하고 가혹할 수 있을까?

이제 나는 진정 미련 없이 죽고 싶소이다.

그러나 이제는 죽을 자유마저 없이

이런 고통을 언제까지 당할는지?

아프다 못해 또 쓰러져 죽음에서 헤매이다가

또다시 모진 목숨으로 살아났다.

온몸이 아프고 쓰리니 꿈이 아니고 생시인가보다.

복받쳐 오는 서러움에 울다 울다 생각하니

이 세상에서 짧고도 긴 무상한 45년.

똥보다 더러운 그 무엇이 귀하다고 다 소용없고 다 버리련다.

아 바보여!

왜 살았어? 진작 죽어 버리지. 당해도 싸다.

인생이 이런 줄을 몰랐더냐.

그러나 나는 진정 어히 하리까? 어쩌면 좋지요.

정말 분하고 원통하고 원망스러워요.

참으로 몸이 아프고 정말 아파 죽겠어요. 부처님!

불교정화

불교를 정화할 자 그 누구냐?
부처님의 법은 만고에 깨끗한데
그 누가 감히 불교정화를 하려는가?
부처님도 다 못하신 정화를
어느 누가 어떤 방법으로 할 수 있단 말인가?
부처님께서 불교 정화를 그대에게 하라던가?
부처님 같이 중생제도 한 큰 원력과 복덕과 깨달음도 없이
그 누가 감히 불법승 삼보에 손을 댈 수 있으리까?
이에 대한 그 모든 책임을 누가 질 수 있나요?
아니 먼훗날 역사에 자신있게 말할 수 있을까?
역사 이래 1천 6백여년 동안 호국불교를 외치시고
말세중생을 위해 신명을 다바쳐 정진해온
선량하고 착한 불제자들에게 내려치는 그 철퇴야말로
너무도 뜻밖에 당하는 크나큰 아픔이다.
우리가 비록 처절하게 당했어도 진정 불교만 정화된다면야
오죽이나 다행이요 좋으리까마는 천만에 말씀!

과거에도 우리는 우리 스스로 정법을 수호하기 위하여

이 세상 그 어디 누구보다도 불교정화운동의 횃불을 먼저 들었듯이

불교정화운동이야말로 누구도 아닌

우리 불교인 스스로 영원히 할 것이요.

체탈도첩*

1980년 11월 8일. 이혜성 체탈도첩.
沙門의 사형인 체탈도첩이란다.
너무도 엄청난 뜻밖의 사형선고가 나에게 내려지다니
이 무슨 과보요 어이된 날 벼락인가.
이 마음 깨닫고 부처님 은혜 갚으려 헤맨 지 25년.
정말 이 순간이 꿈이기를 바란다.
그러나 엄연히 현실로 내 앞에 왔다.
이 모두가 인과응보라면 달게 받으리.
내가 죽어 부처님이 좋아하시고
한국불교가 잘된다면 웃으며 죽으리라.
그래도 너무도 원통해 그 모두를 한없이 원망하고 싶지만
원망한들 무슨 소용 있으리.
모두가 내 탓이요 내 잘못이란다.
그러나 죽으면 나도 한마디 한다면
나를 죽이는 그대들을 나는 영원히 지켜보리라.
정말로 그렇게도 깨끗하고 진실로 떳떳하며

이 중생 억울하게 죽임이 불보살의 참뜻인가?

지옥 중생도 건진다는 당신들의 자비가 고작 이뿐이오.

부처님만 용서하신다면 나는 죽어서 살리라.

25년의 보금자리 山門出送 추방되어 俗人이 되었네.

너무도 기가차서 막막하고 가슴 아프다.

울까 웃을까? 나는 어디로 가오리.

부처님이시여! 불쌍한 나에게 다시 법의와 용기를 주소서.

---

* 신군부에 의해 체탈도첩을 당하고 혜성스님이 막막한 심정을 읊은 시이다.

복구*

평생을 공들여 쌓고 쌓은 탑.

그 모진 비바람과 폭풍우에 큰 난리를 만나서

모두가 무너지고 파멸되었도다.

이제 울고 괴로워한들 무슨 소용 있으리.

오직 인과를 믿고 또한 무상을 깨치고

더더욱 용기를 내어 굳세게 정진하면

금생에 못 이룬 꿈 내생에서라도 성취하리다.

그리고 잃은 모든 것을 기어이 찾고야 말리라.

내 이제 다시 먹물 장삼 입고서

잃어버린 그 모든 것을 찾을 때까지

불어닥치는 사면팔방의 비바람과 폭풍우와

갖은 곤욕과 만란을 극복하고 용맹정진하자꾸나!

금은보화를 잃었다가 찾으면 더 귀한 법.

하기야 본래는 잃고 찾을 것도 없지만

그래도 너무도 억울하게 누명을 쓰고서

짓밟히고 인권을 유린당하고 정의롭지 못한 타의로

내 인생 모든 것을 강탈당했으니

내 생명을 걸고 다시 찾아 모든 것을 원상복구하리라.

성불을 한 평생 미루더라도 기어이 그 모든 것을 복구하고야 말리라.

그후에야 무상한 것.

내 스스로 그 모든 것 남김없이 버리고

영원하고 자유로운 나의 갈 길.

님의 세계로 향하여 천진면목 나의 부처 찾고 찾으리.

＊ 혜성스님이 25년동안 공들여 쌓은 불사를 모두 뺏길 위기에 처했을 때 읊은 시이다.

부정축재*

날더러 17억5천만원 부정축재를 하였다네.
무엇이 부정축재인가?
불사를 한 죄밖에 없는데
깨끗한 삼보정재이며 시주물이 청정하다오.
오직 청정한 부처님 슬하에서
그렇게도 부정축재를 많이도 하였구나.
멋모르는 여러 대중은 비웃고
멸시하며 나를 탓하겠지.
이유야 어떠하든
정말 부끄럽고 한없이 죄송하고 무조건 참회하련다.
허구많은 중생들. 내용도 모르고 구업 짓는 것을 보니
참으로 가슴 아프다.

그러나 우리 부처님은 진실을 잘 알고 계시리라.
그리도 밝으신 천안통으로 낱낱이 살펴보시고
그렇게도 맑으신 타심통으로 비추어 보신다면

우리 부처님! 자세히도 남김없이 아시겠지요.

그렇다면 부처님께서 이제는 남김없이 밝혀주셔야지요.

언제인가는 부처님도 웃으시고 모든 중생의 오해를 풀리라.

17억 5천만원 부정축재란 그 재산도 알고보면

그 모두가 부처님 재산이라오.

자랑스런 당신의 제자들이 피땀흘려 이룩한 재산이지요.

당신의 원력과 가피력으로 성취된 불사들

어린 싹에게 불심을 심어줄 청담중·고교 건립하는 데 5억5천만원 들었구요.

불쌍한 이들에게 자비심을 베풀어 줄

고아원 양로원 건립하는 데 4억 5천만원 들었으며

부처님의 뜻을 피는 천이백년 전법도량

도선사 부처님 모시는 데 7억5천만원 들었지요.

그러하다면 오히려 참 많은 것도 같지만은

사실이 그렇다면 적어서 큰 걱정이며

부정축재 재산이 더 많으면 좋겠어요.

이 몸도 언젠가는 버릴 것을 나는 똑똑히 아는데
영원히 가져갈 것도 아닌 것을 무엇하여
물질을 탐해서 지옥업을 지으랴?
하물며 그냥 주는 것도 가히 반갑지 않은데
구태여 부정축재까지 하여 무엇할 것이요.
아무리 부정축재를 하라 해도 결코 아니하리다.
이 마음 내 부처님, 이 모든 것을 알고 계실 것이니 걱정할 것 가이
없도다.

---

* 혜성 스님이 부정축재했다는 진술을 강요받을 때 항변하여 쓴 시이다.

이감

이 방에서 저 방으로 이감을 하란다.
37일 정들었던 방이라 떠나기 싫다오.
그러나 자유세계에서 여기로 끌려왔는데
명령이라면 이 방에서 저 방으로
가지 않고 견딜 자 그 누가 있으리요.
그래도 내가 잠시 인연 지은 감방이라 깨끗이 정리하고
절도하고 기도하며 염불했는데
또한 서운하고 섭섭함이 이것 또한 얄궂은 중생심일지라
구경에 이르러선 좋은 부처님 도량도,
애착하는 이 몸도 버릴건대
이것 가지고 언짢은 것 없지만
모든 것이 소심하고 어리석어지도다.
이것이 이렇게 언짢고 섭섭하다면
하물며 사랑을 여의고 육신을 버릴 때는
진정 얼마나 괴롭고 막막하리까.
그래서 언제나 이별없고 항상 죽음없는

저 극락세계를 만들어 놓고
아미타불님이 어서 오라 하였나보다.
원을 세워 가리요. 어서 가리다
영원한 안락의 아미타불 세계로.

순화교육*

순화교육 이름이 참 좋도다.

진실로 인간이 순화된다면 부처님이 아닌가.

부처님 말씀이 모두 중생의 순화를 위한 것이거늘

중생의 심성은 날로 악화되어

오늘의 사바세계가 생존전쟁의 아수라판.

부처도 못다한 순화교육을 눈감은 중생이 어찌 다할까.

시비 분별도 알고 보면 전생의 업보 놀음인데

일시적 육체놀음으로 순화된다면

얼마나 다행이고 기쁘리까.

무명근본인 업보가 녹아지고

마음의 뿌리가 없어지면

저절로 순화되고 참 성품 돋아난다.

일시적 근시안의 교육보다

참 사람 키우는 영원한 교육을 위해

우리 부처님 사십구년 설법하여

중생구제 순화교육 마치시었다.

---

* 혜성 스님이 삼청교육대로 보내겠다고 협박하는 이들에게 부처님의 교화력을 설명한 시이다.

나의 어린 스님들*

이 세상 허구 많은 사람들 중 우리는 만났다.

어렵고 장한 출가길에서 인연을 맺었다.

이 모두가 깊고 깊은 다겁생의 인연이란다.

만나면 기쁘고 헤어지면 슬픈 속연일지라도

그래도 우리는 기쁘게 만나 인연을 맺었고

無味한 출가의 길에서 즐겁게 살아왔으며

아직 중생심일지라도 이별을 서러워한다.

나는 비록 지옥에 갈지라도 그대들은 극락왕생하시오.

비록 나는 괴롭고 괴롭더라도 어린 스님들은 즐겁고 즐거우며

나같은 불행한 중노릇을 결코하지 말고

후회없이 자랑스러운 삼계 대도사가 되어 주소서.

허구 많은 인연중에서 공연히 나와 인연을 잘못맺어서

걱정하고 근심하며 고생하는 것이 못내 가슴아파

나는 영원히 후회하고 참회하며 괴로워한다오.

훌륭하고 장한 여러 道字스님!

나의 자랑스런 권속들이여!

우리 모두 가슴아프고 이 슬픈 순간을 잘 참고 넘겨보자꾸나.

캄캄하고 이 고된 시련을 넘기면 밝고 희망찬 내일도 있으리.

여러 어린 사문이여!

부처님은 아시고 우리를 용서하시며

우리에게 가피를 주실 것이니

웃을 수 있는 그날까지 용맹정진하며

이 괴로운 꿈을 어서 깹시다.

＊ 10·27법난 당시 혜성 스님이 어린 상좌들의 장래를 걱정하며 쓴 시이다.

나가보라

물결치는 대로, 파도치는 대로 사랑가는 인생.
오라니 잡혀오고 가라니 떠나간다.
벌써 자유 잃고 이곳에 온 지 25일 되었는데
오늘은 이제 그만 나가 보란다.
내 지은 죄도 벌써 다 갚았단 말인가.
나가라니 정든 이곳을 또 나갈 뿐이요,
끌려들어올 때보다는 좋지만
온 세상이 부끄럽고 나간들 또 무엇하리.
산송장이 되었으니 모든 사람 비웃으리라.
동서로 밤낮도 먹을 것도 잊고 뛰고 뛰었는데
오늘의 이 모양 이 꼴이 되었다오.
모두가 내 탓인데 누구를 탓하고 원망한들 무엇하리.
내 마음이야 본래가 하나요 한뜻이며
언제나 잘하고 잘해보려 하였건만
중생들 보기에 오해도 시기도 질투도 많았나보다.
25일간 자유 잃고 인간지옥에서 느낌도 많고 많을세라.

내 이제 다시 자유 찾아 사바에 간다.

참으로 가볍고 자유로운 마음으로

못난 나를 위해 너무도 애쓰신 여러분과

본의 아니게도 걱정을 끼친 여러 어른들께

합장예배지심으로 부끄럽게 여기며 참회드리오.

이 생명이 다하도록 정신차려 새로운 삶을 살아 보답하리요.

자비한 불보살님과 여러분 앞에 맹세하오며

두손모아 한없이 기도 기원하나이다.

악업*

허구많은 세상살이에 하필이면

왜 악업을 지으며 구태여 그 일 아니면 밤 못 먹을까?

전생에 지은 업보도 무서운데 금생에 그런 악한 업만 자꾸 지으면

내생에 그 무서운 과보 어찌하리까?

그대여! 전생에 무슨 원결을 맺었기에

여보!   금생에 부모죽인 원수도 아닐 터인데

공연히 사람을 한없이 치고 받고 무조건 덮어씌우며

모든 것을 믿지 않고 의심하고 몰아붙이며

자나깨나 언제나 괴롭히니

그 무서운 눈,

그 거친 행동과 쌍말로

언제나 악하게 그런 마음으로 살아간다면

여보세요, 그대는 얼마나 즐겁고 행복하오?

진정 살아서도 그대로가 지옥이며 죽어서도 틀림없이 화탕지옥 아닐런가?

부처님 말씀에 이르길

중생의 모든 짓은 인과응보 역연한다 하셨으니,

어리석은 저 중생들아! 참으로 인간이 인간을 어이 심판하며

깜깜한 그대가 무엇을 알고 잘났다고

누구를 억지로 잡으려느냐.

제발 빌고 비옵나니,

나의 고통보다도 그대들이 참으로 불쌍하고 가엾으니

이제 더 이상 그 악업일랑은 짓지 마소.

---

* 혜성 스님이 법난시 취조하고 고문하던 수사관들에게 부처님의 인연법을 들려주면서 쓴 시이다.

대도선사를 버려야 하는 뼈아픔

신라로부터 오늘까지 찬란한 천이백년 역사를 지닌 대도선사

도선국사의 창건과 청담조사의 중창에 빛나는 대도선사

칠십만 가족의 뜻이 묻힌 중생의 참회도량 대도선사

이십여년 동안 생명을 걸고 심혈을 기울였던 대도선사

내 인생의 청춘을 불태웠던 자랑스런 대도선사

불교 근대화를 위해 뛰고 또 뛰었던 대도선사

내 뼈와 혼까지도 묻으려던 이내 보금자리 대도선사

청담학원을 탄생시킨 지혜의 대도선사

혜명보육원 양로원을 이룩한 자비의 대도선사

세계의 곳곳에 불심을 심고 전한 전교의 대도선사

나와 인연맺어 의지하고 진리 찾으려는 많은 제자를 탄생시킨 대도선사

수십만 신도들의 심신의 안락처로 인연맺은 대도선사

이 모두를 나는 눈물을 머금고 버려야 한다.

이나 그뿐 아니라 내 인생과 생명인 25년의 승직 승권도 버려야 한다.

하기야 인연이 다하면 언제이고 모두 버려야 하고 떠나지만

이 육신마저도 헌신짝같이 버려함을 모르는 바 아니다.

그러나 이 모두와의 이별은 너무도 엄청난 고문으로 나는 당했다.

이 세상 그 어느 고통과 죽음이 이보다 더할소며 영원히 잊지 못하리.

그래도 살으리라. 죽지 못해서라도 악착같이 살리라.

이순간 생각하니 내 살림 버리고 남의 살림만 죽치고 하다가 이렇게 쫓겨났다.

때늦은 이제부터라도 내 살림 잘하라는 부처님의 가르침으로 알리다.

내 마음으로는 그 모두를 차마 버릴 수 없어 영원히 가지련다.

이 자유마저 이것마저도 어느 누가 감히 뺏을 수 있으리요.

뼈가 에이는 아픔을 보내고 이젠 울지 않고 웃으며 살리다.

불보살의 뜻으로 이룩한 그 모든 인연들과

영원히 함께 밝은 새날이 올때까지 정진 또 용맹정진하리다.

나와 인연 깊은 여러 불제자님. 정말 죄송하오.

나와 같은 불행한 사람은 다시는 태어나지 마옵소서.

우리 모두 용기를 가지고 영원히 후회없는 삶을 살아갑시다.

부처님! 용서하시고 또 용기를 주시옵고 저를 지켜보아주세요.

언제인가 이 버려야하는 이 뼈아픔을

이기고서 웃고 또 웃을 그 날이 반드시 있으리.

부록 3
10·27법난 관련 각종 성명서 등

건의문

— 10·27법난 진상규명에 대하여 총무원장 스님께 올리는 글

1. 10·27 불교법난에 대한 정확한 진상규명을 촉구 요망.

2. 법난 입안자·명령자·시행자 규명.

3. 전국 사찰에 법난 피해 사실에 대한 자료 수집.

4. 불교법난 진상규명 추진위원회 사무실 설치 요망.

5. 10·27 불교법난이 어째서 과거사 진상규명에서 누락되었는지 규명 요청.

6. 정부의 과거사 진상 조사단에 불교계 인사가 빠진 이유 규명.

7. 금년 10월 27일 법난 25주년을 기하여 전 승려들은 묵언할 것이며, 전국 사찰에서는 108번을 타종하고, 조기 리본을 착용하며, 국립공원 입장 폐쇄 요청.

2005년 7월 28일

10·27 불교법난 진상규명 추진위원회

성명서
-10·27 불교법난 진상규명을 촉구한다.

　불교가 우리나라에 전래된 지 1,600여 년이 되었습니다. 그동안 불교는 한국인들의 정신문화와 생활문화, 그리고 예술문화에 형언할 수 없는 지대한 공헌을 하였습니다. 우리나라가 자랑하는 세계적 문화유산인 해인사 팔만대장경도, 불국사 석굴암도 모두 불교인들이 창조한 유산입니다. 전국에 산재해 있는 국보와 보물급 이상의 문화재 가운데 불교유산이 80% 이상을 차지하고 있다는 사실이 이것을 잘 입증해 주고 있습니다. 한마디로 우리나라가 세계를 향하여 자랑할 만한 것은 모두 불교가 남긴 유산이라고 말해도 좋을 것입니다.

　조선시대에 이르러 불교는 편협된 유학자들에 의해 신라 고려시대에 국교적 위치를 상실한 채 억불을 당했지만, 불교도들은 그들을 원망하지 않고 여전히 민족을 위해 노력했습니다. 이와 같이 불교는 역사 이래 국가와 민족, 그리고 사회를 위하여 부단히 헌신해 왔음은 주지의 사실입니다.

　그런데 1979년 10월 박정희 대통령 시해 사건 이후, 군부의 일부 몰지각한 자들이 정권을 침탈하여 이 나랑 의정議政을 유린했습니다. 그들은 확고부동한 권력기반을 구축하기 위하여 갖가지 불법을 자행했고, 광주민주화항쟁을 탱크로 진압했고, 이어 1980년 10월 27일 새벽 전국 사찰 3천여 곳을 급습하여 이유도 없이 수많은 수님들을 강제로 연행했습니다.

국가와 민족을 지켜야 할 군인들이 본분을 망각한 채 권력투쟁을 일삼고 성스런운 사찰을 급습하고 스님들을 연행, 고문하여 삼청교육대로 보냈다는 것은 역사 이해 초유의 일입니다. 이것을 불교계에서는 '10·27법난'이라고 합니다. '법난法難'이란 외부의 세력, 또는 무력에 의하여 불교가 박해를 받았다는 뜻입니다. 여러 종교 중에서도 유독 불교계만 박해를 당한 것입니다.

당시 군부는 어떤 이유와 명분으로 불교를 탄압하고 스님들을 연행했던가? 뚜렷한 이유가 없습니다. 어느 정치사에 군인들이 워커를 신은 채 부처님을 모신 사찰을 짓밟았다는 기록이 있습니까? 500년 동안 숭유억불을 했던 조선시대도 그런 적이 없습니다. 일제가 우리나라를 유린해도 그런 적은 없었습니다.

아무런 명분도 죄목도 없이 종교를 탄압하고 스님들을 강제로 연행하여 구타하고 삼청교육대로 보낸 이러한 사실이 어떻게 민주주의를 표방하는 국가에서 있을 수 있습니까? 무도한 군사정권에서 종교를 탄압했던 유일한 예입니다. 당시 많은 스님들은 영문도 모른 채 군인들로부터 갖가지 인격적 모욕과 치욕과 구타와 고문을 당했으며, 그 후유증으로 많은 스님들은 정신적·육체적 고통을 겪었으며, 그 중에는 사망한 분들도 있습니다.

  이 사건에 대하여 지난 1988년 당시 강영훈 국무총리가 사과문을 발표했고 1989년 국방부에서 '불교법난 진상에 대한 설명회'가 있었지만 단순한 사과였고 설명회였습니다. 당시 누가 주도하고 누가 그런 명령을 내렸는지에 대한 명확한 규명에 대한 노력은 전혀 없었습니다. 당연히 책임자가 있을 것임에도 불구하고 무성의와 무책임한 태도로 일관했습니다. 이것은 또 한번 불교계와 스님들을 무시한 처사가 아닐 수 없습니다.

  이제 10·27법난은 25년이 되었습니다. 거의 한 세대가 가까워지고 있습니다. 불교계와 당시 치욕스러운 일을 겪었던 스님들은 그동안 많은 자료를 수집·정리하여 공개합니다. 이 자료들을 바탕으로 정부는 보다 명확하고 양심있는 진상규명을 촉구하는 바입니다.

2005년 7월 28일
10·27 불교법난 진상규명 추진위원회

1980년 10·27법난불교대책위원회 결성식

일시:2005년 7월 4일(월) 오후 6시

장소:송현클럽(한국일보 13층)

1980년 10·27법난불교대책위원회 결성식

고문: 혜성 큰스님

상임대표: 법타 스님

공동대표:

혜자 스님 진관 스님 지원 스님 법철 스님 정각 스님 보정 스님

재원 스님 장곡 스님 무원 스님 묵설 스님 정암 스님 도관 스님

설곡 스님 성법 스님 현광 스님 한상범 송락조

사무총장: 도광 스님

사무처장: 류영학 법사

실무책임: 배경태 조혜은

특별위원회: 진상조사위원장 서동석

대변인: 진철문

홍보위원장: 승찬 스님

10 · 27법난불교대책위원회 결성식

사회 진철문

식순

개회사

삼귀의

반야심경

내빈 소개

임원 소개

인사말: 법타 스님(은혜사 주지/10 · 27법난불교대책위원회 상임대표)

선묵혜자 스님(도선사 주지/10 · 27법난불교대책위원회 공동대표)

격려사:강민조((사)민족민주열사전국유가족협의회 이사장)

— 불교인들에게 보내는 참회문: 지원 스님(10 · 27법난불교대책위원회 상임대표)

— 정부당국자에게 보내는 글: 진관 스님(10 · 27법난불교대책위원회 공동대표)

— 향후 일정

10·27법난연구소

불교피해자진상조사(삼청교육대 포함)

각 사찰 및 스님들 탄압 사례조사

10·27법난 관련자 명예회복추진

국회 10·27법난특별법재정 제안

전국순회 강연

토론회

— 사홍서원

— 회향(저녁공양): MBC「이제는 말할 수 있다」(비디오 상영)

불교인들에게 보내는 참회문

　우리 불교는 이제 자기의 몸에서 상생하는 힘을 스스로 길러내야 하며 그 동안 자신에게 주어진 육신을 보존하지 못했던 한을 안고 용맹스럽게 살아있는 몸으로 민족과 민중을 위하여 부처님 여래의 말씀을 전하는 사자후로 긴긴 잠에서 깨어나야 하며 부처님의 바른 정법으로 귀의하여 실천하는 불교가 되어 참 가르침으로 나서는 불교, 이것만이 우리가 할 일이며 언제나 부처님 전에 발원하는 몸으로 수행자들은 나서야 합니다.

　부처님은 중생을 구원하기 위하여 자신의 육신을 던졌고 그 육신은 인류를 구원하는 정신적인 몸이 되었고, 부처님의 법을 전승하는 승가는 그 정신을 따르는 바른 법으로 미륵보살의 몸이 되어야 함에도 불구하고 자신을 지키지 못하고 승가공동체의 집단을 보위하지 못한 집단이 되었던 것을 한탄스럽게 여기면서 지난 시기 우리는 국가 권력에 의하여 나라를 지키는 군인들이 부처님의 가르침을 짓밟는 행위를 자행하고 말았던 수모를 한 순간도 잊을 수가 없습니다.

그 동안 역사적으로 보면 나라가 위태로울 때는 부처님 여래사도들은 나라를 구하기 위해 온몸으로 민족을 위해 자신의 몸을 던진 일을 가장 소중하게 여기고 있으며 민족분단의 아픔을 안고 조국통일의 길을 향해 온몸으로 정진하고 있는 이 시대에 광주민중을 학살한 군인들에 의하여 불교가 전국적으로 수난을 당하는 비극적인 사건이 일어나 이 사건을 우리는 법난이라고 말하고 있습니다.

불교법난을 당한 이유에 대해서는 알 수 없지만 부처님의 가르침을 받들고 있는 수행자들에게 총칼로 법당을 유린하고 수백의 고승들이 군인들에 의해 무참히 끌려가 모진 고문을 당하고도 숨 한번 제대로 쉬지 못하는 죄없는 죄인이 되어 승려들의 인권은 유린당하고 승가의 자존심은 말이 아니었습니다. 그러나 이제는 승가가 공동의 대응을 해야 하고 다시는 그런 일이 발생하지 않도록 하기 위하여 그저 나약하게 자신의 수행부족으로만 여겨서는 안 됩니다. 성스러운 부처님의 신전이 권력의 꼭두각시놀음에 희생되고 유린되는 일은 다시는 없어야 합니다. 우리는 이제 1980년 10월 27일 불교법난에 대한 진상을 바르게 규명하고 전국에 애정을 보이신 국민들과 불교도들에게 참회의 글을 올리지 않을 수 없습니다.

올해에는 불교가 법난을 당한지 25주기가 되는 해입니다. 1980년 10월 27일 불교법난을 당했음에도 불구하고 아직도 그 진상이 규명되지 못하고 25년이란 긴 세월을 보내는 아픔을 감수하면서 종단은 그래도 일어나 부처님의 가르침을 전하고 있으며 조국통일을 위하여 온몸으로 부처님 전에 발원을 하고 있습니다. 그 잔인한 행동을 했던 이들은 국회에서 청문회를 통해 잘못을 인정했으나 당사자 격인 종단에서 참여를 하지 않아서 무산되고 말았습니다. 이것은 바로 우리들 집단에 잘못이라고 봅니다.

불교는 자신에게 주어진 사명을 다해야 하며 승가의 위상을 높이는 일에 매진하는 것이 바로 정진이라고 봅니다. 산간에 앉아서 침묵하면서 자신이 마치 세상을 초월한 것처럼 여기는 것은 수행의 병, 도피의 병입니다. 그러한 행위는 승가공동체를 죽이고 자신을 죽이는 것과 다름이 없습니다. 그날에 광주민중을 학살한 자들은 그들이 나서 참회한 것처럼 부처님의 도량을 군홧발로 짓밟고 수행하는 그 당시 고문과 불명예로 고통을 준 스님들에게도 참회해야 합니다. 우리 불교인들은 역사적으로 그날 당한 인권과 억압에 대하여 용서하자고 말을 하지만 부처님의 가르침을 알면서도 부처님의 도량을 파멸하게 한 자들에 대해서는 용서할 수 없습니다.

    1980년 10월 27일 법난을 당한 스님들에게 있어서는 그 진상이 규명이 되고 명예가 회복되야 합니다. 그리하여 우리는 그날을 법난으로 규정하고 진상을 규명하기 위해 노력을 하였습니다만 해결을 하지 못하고 25년이란 세월이 흘렀습니다. 이제 그 진상을 새롭게 규명하기 위하여 우리는 1980년 10·27법난불교대책위원회 결성식을 하고 그 피해자의 인권과 명예을 회복하기 위해 국가로부터 손해배상을 요청하고 이러한 사실을 널리 알리며 전 불교들에게 참회문을 발표합니다.

정부당국자에게 보내는 글

　노무현 대통령은 1980년 10월 27일 신군부 세력인 전두환 광주민중학살자에 의하여 일어난 불교침탈에 대한 그 진상을 바르게 규명하고 피해자들에 대하여 명예와 피해보상이 있어야 합니다. 불교는 실로 국가를 위하여 저항 한번 하지 못하고 맹목적으로 국가에 대해 충성을 다했습니다. 이것을 이름하여 호국불교라고 말하기도 했습니다. 호국불교이기 때문에 국가에서 명령을 내리면 그대로 실천한 것이 바로 불교입니다.

　그러한 불교를 침탈한다는 것은 있을 수 없습니다. 그 당시에도 여전히 종단은 신군부에 복종한 종단이었습니다. 광주민중을 학살한 군부정부에 대하여 불교종단에서는 아무런 말도 하지 못하고 군부정부에 충성을 다하듯이 종단에 구성원들은 침묵하고 있었고, 방관자적인 행동을 하고 있는 비민주적인 불교였다고 말할 수 있습니다. 그러한 불교를 침탈한다는 것은 참으로 어리석은 일이라고 말할 수 있습니다.

　1980년 10월 27일 불교침탈을 통해 오늘날 불교의 자주화·민주화 통일운동에 참여한 결과를 가져오기도 했으나 내적인 모순을 극복하지 못하고 외적인 충격으로 일어난 일이라는 점을 상기하지 않을 수 없습니다. 이것은 분명히 국가에서 행한 침탈이라는 점에 있어서의 문제를 바르게 전하는 일이라고 봅니다. 정부당국자들에 자행한 불교침탈이기에 정부에서 해결을 해야 한다고 봅니다.

　그동안 우리양심적인 불교인들은 국민들 앞에 고개를 들고 말을 할 수가 없었습니다. 부도덕한 집단이라는 누명을 쓰고 25년이란 긴 세월을 날마다 참회하면서 살아왔습니다. 그러나 이제 광주민중을 학살한 전두환 군부세력들이 광주민중들 앞에서 잘못을 인정하고 국가에서 명예와 보상이 이루어졌으니 천만다행한 일이라고 보지만 불교인들에게 있어서는 아직도 해결해야 할 과제가 남아있습니다. 이것은 바로 현 정부가 해야 할 일일이라고 봅니다.

　노무현 대통령 참여정부에서는 25년 전 일어난 불교침탈에 대하여 분명히 해결을 해야 하며, 그 당시 일어난 불교침탈에 문제를 바르게 성찰하는 정부가 되어야 합니다. 이 같은 역사적인 비극 조선조시대에나 있을 법한 불교침탈이라고 말할 수 있습니다. 조선시대에 불교의 침탈을 말하자면 연산군시대의 불교라고 보면 됩니다. 전두환과 연산군의 불교침탈은 민족에 대한 발전을 저해한 행위입니다.

부처님께서도 그날만은 눈물을 흘리지 않을 수 없었을 것입니다. 지금도 기억하지만 낙산사 주지 원철 스님과 도선사 주지 이혜성 스님은 전두환 신군부 군인들에 의해 강제로 끌려가 모진 고문으로 내장이 파열당하기도 했습니다. 그리하여 원철 스님은 세상을 떠났고 혜성 스님은 강한 의지로 극복하여 불교포교에 심혈을 다하고 있습니다. 우리가 바라는 것은 민족을 위하여 불교침탈에 대한 진상을 바르게 규명하고 국민들에게 과거 정부가 행한 잘못에 대해서는 일깨워져야 합니다. 이런 일은 바로 노무현 대통령만이 할 수가 있습니다.

이제 1980년 10·27법난에 대하여 참여정부에서 잘못을 인정하고 불교발전과 민족발전에 매진하는 용맹정진의 힘을 보여주어야 할 때라고 보기에 간곡히 진언하는 바입니다. 민족구성의 한 일원으로 낡은 역사를 청산하고 새로운 역사를 창조하는 이 시대에 민중의 힘으로 이룩한 국가 권력의 대이동을 통한 대통령으로 막중한 소임을 다하고 있는 참여정부에 대한 기대가 큰 만큼 불교법난에 대한 문제를 해결하고 불교종단의 구성원들에게 민족과 민중을 위하여 정진하라는 선언을 하는 모습을 보인다면 불교 법칙에 순응하는 불교가 될 것이며 내내 칭송할 것입니다.

이런 기회를 멀리하지 말고 참여정부가 받아 안고 실천하는 모습을 보일 때 우리 불자들은 과거에 국가를 위해 건설하였듯이 미래에도 국가를 위하여 봉사할 것이라고 확신합니다. 현대사회에 있어서의 고난을 극복하고 과거로부터 오는 수많은 고행을 낙으로 삼으면서 불교 역사불전에 헌신할 시대라고 보기에 그날의 군부에 의하여 비참하게 인권유린을 당한 스님들에게 명예가 회복이 되어야 한다는 것이 불교도의 입장입니다. 정부가 해야 할 일은 국민 모두를 안고 가는 것입니다. 다시는 정부에 의해 불교의 침탈을 막기 위함이라는 사실입니다. 불교도의 이름으로 노무현 대통령 참여정부에서 1980년 10·27법난의 문제를 해결해 줄 것을 강력히 요청하는 바입니다.

성명서

10 · 27법난의 책임자는 참회 · 사죄하고 진실을 해명하라!

1980년 10월 27일의 법난 직접피해자 일동은 제불보살諸佛菩薩의 가호증명하심과 팔부호법선신八部護法善神의 음우陰佑, 그리고 우리와 함께 정신적 피해를 입은 이 땅의 2천만 불자들의 뜻을 받들어 그 책임자의 진실한 참회와 사죄를 촉구한다. 이는 군사정권의 무지한 폭력에 짓밟힌 불교의 신성한 위상을 되찾고자 함이며, 직접피해자와 전불교인의 실추된 명예와 위신을 회복하기 위함이다.

당일 계엄사 당국은 대한불교조계종 송월주 총무원장을 비롯하여 46명의 종단 중진스님들을 총칼로 위협하여 연행 · 감금하였다. 이때 그들은 수사과정에서 구속자들에게 종단의 각급 직책을 강제로 사임하게 하여 정통종단의 종권을 단절시키고, 비정통 운영기구를 만들어 군사정권에 순응하게 하였다.

10월 30일 새벽에는 군경합동부대가 전국 3천여 사찰에 용공분자와 범법자를 색출한다는 명분으로 난입하였다. 이 과정에서 신성한 법당과 요사는 군홧발에 짓밟혔고, 승려들은 그들의 위협수색으로 공포에 떨었다. 당시 군수사당국은 1개월여에 걸쳐 500여 명의 승려와 신도들을 강제로 연행하여 문초하였다. 그 가운데 당시 도선사주지 이혜성 스님과 낙산사 주지 최원철 스님 천태종 총무원장 박석암 스님 등 다수인을 모진 고문 끝에 무고한 죄명을 씌워 범법자로 만들고 23명은 집단수용하고 3명은 삼청교육대에 보내지기까지 하였다.

이와 같은 일련의 불교대탄압이 10·27법난이다. 법난을 일으킨 책임자들은 그 입안자와 시행자·수사과정 등의 진상을 2천만 불교도와 전국민에게 공개해명하고, 해당자들은 발로참회하고 용서를 빌기 바란다. 만일 그들이 계속 진실을 왜곡하거나 책임을 전가·회피한다면, 2천만 불교도는 결코 그들을 용서하지 않을 것이며, 나아가 응징하기 위하여 단결할 것임을 엄숙히 경고한다.

법난을 주동한 폭력세력이 불교를 유린한 사례와 목적의 개요를 들면 다음과 같다.

1. 10·27법난은 군사정권이 불교의 자율성을 억압하고 자주의식을 말살하여 불교교단을 군사정권에 예속시키려는 의도에서 자행한 반민주적 만행이다.

1980년 4월 26일 대한불교조계종 종회에서 선출된 송월주 총무원장은 불교교단의 자주성 회복과 교단의 제도개혁을 주요 종책으로 삼고 있었다. 총무원장은 이러한 종책의 일환으로 불교의 자주성을 침해하는 여러 관계법령을 개정하고자 전문인들의 연구로 마련된 개정안을 정부요처에 제출하고 개정을 촉구하였다. 당시의 문공부는 이러한 불교교단의 자주의식 강화에 당황하고, 이를 억압하기 위하여 송월주 총무원장의 취임등록을 (불교재산관리법에 의거) 거부하고 있었다.

2. 10·27법난은 "전두환 장군 대통령추대 지지성명" 거부에 대한 폭력보복이었다.

1980년 8월 군사정권의 산하 정보기관은 당시 국보위 상임위원장이었던 전두환 장군의 정치집권을 지지하는 성명서를 조계종 총무원장의 명의로 발표해 줄 것을 송월주 총무원장에게 수차례 요구하였다. 그러나 송월주 총무원장은 이를 정교분리원칙에 입각하여 단호히 거부하면서, 광주민주화항쟁을 무력으로 진압한 군사정권에 침묵으로 저항하고 있었다. 이에 야비한 군사정권은 폭력으로 보복하였다.

3. 10·27법난은 정통성 없는 군사정권이 정권 정통성시비에 그들의 궁색한 입장을 호도하기 위해 자행한 국민기만극이었다. 1979년 10월 26일 이후 민주화를 바라는 고조된 국민의 여망은 정치군인에 의해 좌절되었다. 이에 대한 전국민의 거부와 증오심이 급속하게 퍼지면서 군사정권의 정통성을 부인하게 되자 정통성을 인정받지 못한 군사정권은 불교계정화라는 허울좋은 명분을 내세워 국민적 관심을 다른 곳으로 돌리기 위하여 불교탄압의 국민기만극을 연출한 것이다.

4. 10·27법난은 부도덕한 군사정권이 그들의 도덕성을 가장하기

위하여 마치 불교계에 부정축재재산이 많은 것처럼 과다선전하고 명분없는 국고환수를 표방한 것이다.

10·27 범죄를 저지른 자들은 무고한 승려들에게 죄를 만들어 씌워 부정축재재산을 국고에 환수하려 하였다. 이러한 명분으로 소위 '계엄사령부합동수사본부'는 그 예하기관에 조사대상자들을 지명하여 수사를 지시하였다.

계엄사는 1980년 10월 27일 발표문을 통하여 부정축재금을 국고에 환수한다고 발표하였다. 한편 1980년 11월 14일 발표에 의하면 200억 6천만원을 종단에 귀속토록 조치한다고 한 바 있다. 그러나 실제 혐의가 없어 단 한 건도 재산을 환수한 사실이 없는데도 수사본부는 이와 관련된 수사결과에 대하여 지금까지 단 한마디의 해명도 하지 않고 있어 국민의 오해와 의혹은 그대로 남아있다.

5. 10·27법난은 불교교단과 국민정신을 파괴한 만행이다. 군사독재의 주역들은 1600년의 역사속에서 민족정신의 자양이 되고 민족문화의 모태가 되어온 불교교단을 마치 범죄자의 집단인 것처럼 전매스컴을 통하여 연일 대대적으로 날조, 보도시켰다. 이로 말미암아 불교의 신성한 위상은 여지없이 실추되었으며, 많은 불교신자들이 진실을 모른 채 회의와 환멸을 안고 타종교로 개종하여 불교의 교세는 상대적으로 약화되었다. 이와 같이 불교교단은 한국불교사상 최대의 정신적인 대학살을 당하였으며, 국민은 커다란 정신적 충격과 함께 정신문화의 원천인 불교에 대하여 커다란 회의와 불신을 품게 되었다. 가치관의 혼란으로 인한 손실은 물량으로 헤아리기 어렵다. 이렇듯 법난의 주동자는 천추에 씻지못할 역사적인 범죄를 자행한 것이다.

우리는 다시한번 10·27법난을 주동한 군사정권의 주역들에게 그 진상을 공개하고 실추된 불교의 명예를 회복시키는 최소한의 양심있는 처사를 기대하며, 아울러 잘못을 참회하고 사죄할 것을 촉구한다.

1988년 11월 22일

10·27법난法難 진상규명추진위원회眞相糾明推進委員會

윤월하(당시·현 통도사방장, 전 조계종총무원장)

김서운(당시 동화사주지, 조계종총무원장)

송월주(당시 조계종총무원장, 현 금산사주지)

유월탄(당시 전등사주지, 현 법주사주지)

이혜성(당시 도선사주지, 현 중앙승가대학장)

연락전화 : 444-1568, 444-4321

참고문헌

증언

저자 인터뷰 및 MBC 시사교양국 〈이제는 말할 수 있다〉 녹취프리뷰 자료

관련문서

「10·27법난 관련 국무총리 담화문(1988년 12월 30일)」

「10·27법난수사경위(국방부, 1989년 1월 30일)」

「불교계 정화 중흥 추진 결과보고(불교정화기획자문위원회, 1981년 1월 10일)」

「조계종정화중흥회의 공고문(1980년 12월)」

「혜성스님 전언통신문(1980년 10월 31일)」

「혜성스님 상해진단서(1980년 12월 13일, 중앙대학교 의과대학 부속 성심병원 외과의사 김상준)」

「서승남(윤월 스님) 등 무고죄 관련 서울형사지방법원 판결문(1981년 9월

5일자)」

「서승남(윤월 스님) 등 무고죄 관련 대법원 판결문(1983년 4월 12일자)」

「대한불교조계종 정화중흥회의 대표임원취임등록신청서(1980년 11월 14일)」

「대한불교조계종 월하 스님 총무원장 취임등록 신청서(1978년 11월 23일)」

「대한불교조계종 월하 스님 총무원장 취임승락서(1979년 2월 3일)」

「국보위백서國保委白書 (국가보위비상대책위원회, 1980년)」

「대한불교조계종 정화중흥회의 대표임원취임등록신청서(1980년 11월 14일)」

「종단기구 환원 및 중앙간부 선임 신고(1981년 1월 19일)」

「종헌개정 신고(1981년 1월 20일)」

「10·27법난 진상규명추진위원회 성명서(1988년 11월 20일자)」

「10·27법난 불교수사사건의 경위와 그 부당성 (10·27법난 진상규명추진위, 1989년 1월)」

「성명서 및 건의문(10·27법난진상규명추진위, 2005년 7월 28일)」

「불교단체(사찰) 점검실시 통보(경기도 성남시 기획실 문화공보담당관실, 1980년 4월)」

「1981년 사찰정화 실태조사(김은호 문화공보부 차관 전갈, 1981년 5월 4일)」

「불교단체(사찰) 점검실시 통보(경기도 성남시 기획실 문화공보담당관실, 1980년 4월)」

「사찰환경 정화사업 미시정사항 일람표(문화공보부, 1973년~1981년)」

「전국검사장회의록(대검찰청 사무국 총무과, 1980년 8월 19일자)」

「성명서 및 건의문(10·27법난진상규명추진위 발표, 2005년 7월 28일)」

일간지

동아일보 1980년 9월 17일자 기사

동아일보 1980년 10월 28일자 기사

동아일보 1980년 10월 28일자 기사

조선일보 1980년 10월 28일자 기사

중앙일보 1980년 10월 28일자 기사

경향신문 1980년 10월 28일자 기사

서울신문 1980년 10월 28일자 기사

한국일보 1980년 10월 29일자 기사

조선일보 1980년 10월 29일자 기사

동아일보 1980년 10월 29일자 기사

중앙일보 1980년 10월 29일자 기사

경향신문 1980년 10월 29일자 기사

서울신문 1980년 10월 29일자 기사

한국일보 1980년 10월 30일자 기사

경향신문 1980년 10월 30일자 기사

경향신문 1980년 11월 4일자 기사

조선일보 1980년 11월 5일자 기사

경향신문 1980년 11월 6일자 기사

조선일보 1980년 11월 7일자 기사

한국일보 1980년 11월 7일자 기사

경향신문 1980년 11월 7일자 기사

서울신문 1980년 11월 7일자 기사

동아일보 1980년 11월 7일자 기사

경향신문 1980년 11월 14일자 기사

서울신문 1980년 11월 14일자 기사

동아일보 1980년 11월 14일자 기사

조선일보 1980년 11월 15일자 기사

한국일보 1980년 11월 15일자 기사

동아일보 1980년 11월 15일자 기사

서울신문 1980년 11월 20일자 기사

한국일보 1980년 11월 20일자 기사

서울신문 1980년 11월 24일자 기사

동아일보 1980년 11월 25일자 기사

동아일보 1980년 11월 29일자 기사

서울신문 1980년 11월 30일자 기사

한국일보 1980년 12월 7일자 기사

동아일보 1980년 12월 18일자 기사

중앙일보 1981년 1월 14일자 기사

중앙일보 1982년 7월 30일자 기사

중앙일보 1982년 6월 4일자 기사

한겨레신문 1988년 10월 27일자 기사

중앙일보 1988년 12월 29일자 기사

동아일보 1988년 12월 30일자 기사

한국일보 1988년 12월 31일자 기사

한겨레신문 1989년 1월 31일자 기사

한겨레신문 1993년 10월 3일자 기사

불교계 신문

대한불교 1979년 9월 23일자 기사

대한불교 1979년 10월 28일자 기사

대한불교 1980년 11월 2일자 기사

대한불교 1980년 11월 16일자 기사

대한불교 1980년 11월 23일자 기사

불교신문 1988년 7월 27일자 기사

불교신문 1988년 8월 17일자 기사

불교신문 1988년 10월 12일자 기사

불교신문 1988년 10월 26일자 기사

불교신문 1988년 11월 2일자 기사

불교신문 1988년 11월 30일자 기사

불교신문 1988년 12월 17일자 기사

불교신문 1988년 12월 28일자 기사

불교신문 1989년 1월 4일자 기사

불교신문 1989년 1월 18일자 기사

불교신문 1989년 2월 1일자 기사

불교신문 1989년 2월 8일자 기사

불교신문 1989년 3월 15일자 기사

불교신문 1989년 3월 29일자 기사

불교신문 1990년 1월 17일자 기사

불교신문 1990년 1월 31일자 기사

불교신문 1992년 11월 4일자 기사

불교신문 1995년 10월 31일자 기사

주간불교 1988년 8월 20일자 기사

주간불교 1988년 10월 10일자 기사

주간불교 1988년 10월 20일자 기사

주간불교 1988년 10월 31일자 기사

주간불교 1988년 11월 20일자 기사

주간불교 1988년 12월 10일자 기사

주간불교 1988년 12월 20일자 기사

주간불교 1989년 1월 1일자 기사

주간불교 1989년 1월 20일자 기사

주간불교 1989년 2월 10일자 기사

주간불교 1989년 2월 20일자 기사

주간불교 1989년 3월 1일자 기사

주간불교 1989년 3월 20일자 기사

주간불교 1989년 5월 31일자 기사

주간불교 1989년 10월 31일자 기사

주간불교 1989년 12월 31일자 기사

주간불교 1990년 1월 10일자 기사

주간불교 1991년 1월 20일자 기사

주간불교 1991년 3월 10일자 기사

주간불교 1991년 10월 22일자 기사

주간불교 2005년 6월~7월 「10·27법난 진실을 말한다」 1~4회 연재

법보신문 1989년 1월 12일자 기사

법보신문 1989년 1월 31일자 기사

법보신문 1989년 2월 6일자 기사

법보신문 1990년 3월 5일자 기사

법보신문 1992년 7월 20일자 기사

법보신문 1992년 11월 2일자 기사

법보신문 1993년 10월 25일자 기사

법보신문 1994년 4월 18일자 기사

법보신문 1995년 10월 4일자 기사

주간종교신문 1982년 6월 9일자 기사

종교신문 1990년 1월 14일자 기사

종교신문 1992년 2월 26일자 기사

종교신문 1992년 3월 4일자 기사

불교계 잡지

「월주 스님 특별대담(성문 스님 대담, 월간법회 1987년 10월호)」

「정치변혁과 불교탄압(이이화, 월간법회 1987년 10월호)」

「삼무일종의 법난(김현산, 월간법회 1987년 10월호)」

「정치적 예속화의 길을 걸어온 불교 법난 40년(이청, 월간법회 1987년 10월호)」

「10·27법난의 정치적 배경과 불교내적 상황(편집부, 월간법회 1987년

10월호)」

「10 · 27법난과 80년대 민중불교운동의 평가와 전망-승가를 중심으로(진상 스님, 월간법회 1987년 10월호)」

「10 · 27법난의 승가의 역사의식, 사회의식의 발전과정(진상 스님, 해인 1987년 10월호)」

「10 · 27법난의 민족사적 의미(김동현, 해인 1987년 10월호)」

「정권에 유린된 불교의 역사(서화동, 대붕불교 1994년 5월호)」

일반잡지

「해결 기미 안 보이는 조계종 분규(신동아 1979년 1월호)」

「불교계의 자율정화(신동아 1980년 10월호)」

「조계종 5개 법의 개정건의(신동아 1980년 11월호)」

「계엄사, 조계종단의 비리 수사(신동아 1980년 12월호)」

「조계종중흥회의 비리 승려 42명 징계(신동아 1981년 1월호)」

「정화 진통 겪고 새 조계종단 출범(신동아 1981년 3월호)」

「제5공화국의 산실産室, 국보위 5개월의 모든 것(이현복 저, 政經文化, 1985년 5월)」

「조계종 승려 2천명 불교악법철폐 시위 벌여(월간 말 1986년 9월호)」

「불교계 저항운동 가열(월간 말 1986년 12월호)」

「불교는 왜 자주화, 민주화를 요구하나?(월간 말 1986년 12월호)」

「불교는 권력의 도구가 될 수 없다(월간 말 1987년 12월호)」

「후유증 큰 10·27법난 진상과 책임소재 빨리 밝혀져야(월간중앙 1988년 6월호)」

「5공의 불교탄압 10·27법난 진상(주간조선 1988년 8월 14일)」

「송월주, 이혜성 스님이 겪은 10·27법난(월간조선 1989년 3월호)」

「10·27법난 진상은 다 밝혀졌나(신동아 1989년 3월호)」

「베일 벗는 10·27법난의 내막(월간중앙 1989년 3월호)」

「불교계 어용불교 탈피선언(신동아 1989년 10월호)」

단행본

『나는 불교를 이렇게 본다: 강연요지(김용옥 저, 열린불교, 1988년)』

『한국현대불교운동사 상, 하(실천불교전국승가회 저, 행원, 1996년)』

『종교는 영원한 성역인가?(강준만 등 저, 개마고원, 2001년)』

『성철스님 시봉이야기 1, 2(원택스님 저, 김영사, 2001년)』

『조계종사 근현대편(대한불교조계종 교육원 저, 조계종출판사, 2001년)』

『그 산에 스님 있었네(효림 스님 저, 바보새, 2003년)』